JN186337

幸せな人生を呼び込む80のルール

清く、正しく、欲を持て。

スピリチュアルカウンセラー
竜庵

イースト・プレス

まえがき

「光の玉」から教わったこと

私が生まれ育ったのは、歩いていてもほとんど人に遭遇しないような田舎でした。遊び場所は山、森、海、川。遊び相手は大自然と共存している不思議な存在。といってもお化けや幽霊の類ではなく、ジブリの世界に近い者たちです。いつも宙に向かって話している私を、周囲の人々は奇異な目で見ていたと思います。

そんな13歳のある昼下がり。

その日はなぜか自分の部屋にいて、何となくボーッとしていました。すると突然、頭上から超巨大な**「光の玉」**が降ってきて、一気に私を包み込んだのです。まるで光に押しつぶされて「光漬け」になったような感じでした。ほどなくして、今度はその光の中から私に向かって話しかけてくる声が聞こ

えてきました。

それは男でも女でもない声音、荘厳ではなくカジュアルな口調。受け入れやすいように振る舞ってくれたのか、それとも遠い未来の自分がやってきて自分に語りかけているのか…とにもかくにも私は「光の玉」から1年間、あらゆる分野に渡ってみっちりと説法を受けることになったのでした。

その情報量は膨大で、説法中はメモを取ることができません。忘れていることもあれば、脳裏に焼きついているものもあります。

しかし、今でも強烈に覚えているのはこんな言葉です。


「自分のタガを外して人生を楽しみなさい」

「女性は特に、子宮に忠実にならなくちゃ。子宮と口は同じだよ」

「『私はいいからあなたが幸せになって』は偽善者。自分が幸せになったら周囲も幸せになるのだから」

「まず自分を許す訓練をしていく」

「毒を持ちなさい」

「不平不満愚痴があってても当たりまえ。それがあるからこの世は面白い」

「愛ある行動と言葉を使おう。できないけど使うようにすること」

「よい言葉を使って、自分の機嫌は自分で取ると楽しいよ」

「私たちは何十万回も生まれ変わって、たくさんの人と出会っている。今世もすべての人との出会いに意味があるんだよ」

「偶然はない。すべては点と点が線に繋がっていく必然なんだよ」

「神は、愛と光だよ」


まだ13歳ですからよく意味はわかりませんでした。それでも楽しい1年間だったなぁと思って時計を見たら…何とたった1分間しか経過していなかったのです！一体どういうことなのか、未だに謎のままです。

しかし10代20代の私は、そんな説法を受けたことも忘れて不平不満愚痴を言いたい放題の生活を送っていました。15歳で美容業界に飛び込み、あっという間に成功してしまったので「私は何でもできる」「私がこの世でいちばん偉い」と思い込んでいたのです。相手が間違っていると思えば年上だろうが噛みついて、誰とでもケンカをする傲慢で最低の人間でした。

その結果、人は逃げていくわ、売上金は盗まれるわ、店は潰れるわと、もう散々な目に遭いましたが、今ではすべてが尊い経験だと思っています。

不平不満愚痴の塊だったからこそ、傲慢だったからこそ、「光の玉」から受けた説法を思い出したのです。

私はそれまでのネガティブな自分を認め、受け入れました。

認めて受け入れたら、今度はポジティブな考えが芽生え始めました。

「今まで経験したさまざまな出来事は失敗のように見えるけれどそうではなく、成功への布石だったのだ」

するとそこでもうひとつ、「光の玉」から教えられたことを思い出したのです。

死んだらね、天国に行く前に必ず3つ、聞かれることがあるよ。

この世を楽しんだかい？

自分を愛して大切にしたかい？

他人に親切にしたかい？

今を楽しく、幸せに生きよう。

そう決めてから、私の人生には「成功」と「大成功」しかなくなりました。

私は「美容研究家・樋口賢介（ひぐちけんすけ）」として美と健康をサポートするとともに、「スピリチュアルカウンセラー・竜庵（りゅうあん）」として心のケアや生き方のサポートを提案させていただいています。

キーワードはどちらも**「楽行で大笑い」**です。

ダイエットも美容術も生き方も、カンタンで楽しければ長続きします。

生きること自体が修行ですから、それ以上苦労する必要はありません。

笑えば笑うほど、福と幸せがやってきます。

難問にぶつかっても「なるほどそう来ましたか」と楽しむことができれば、難行苦行が楽行に変わります。

この一冊には、私が「光の玉」から教えていただいた「楽行で大笑い」できる人生の歩き方が詰まっています。

どれもカンタンですから、楽しんで実践できると思います。

3か月後、半年後、1年後、あなたの毎日が幸運に包まれていますように。

スピリチュアルカウンセラー　竜庵

もくじ

第1章

幸運を引き寄せる生き方の法則

第2章

豊かなエネルギー循環の法則 45

第3章

天を味方につける法則

第4章

年齢を超越して美しく生きるための法則

第5章

最高の恋と極上の結婚を手に入れる法則

第6章

あらゆる邪気を祓って光の道を歩む法則

Chapter……1

第1章

幸運を引き寄せる生き方の法則

「最幸言葉」を口グセにする

「令和」の元号で注目を浴びた万葉集には、日本という国を「言霊(ことだま)の幸(さきわ)ふ国」と表現した歌があります。古来より日本では、よい言葉を発するとよいことが起こり、悪い言葉を発すると悪いことが起きる、と伝えられてきました。

これは、言葉には霊力が宿っている——それが「言霊」という考え方であり、私もとりわけ大事にしています。

もしも今、不運だ、不幸だ、貧乏だと感じているなら、普段使っている言葉を変えてみること。お金もかかりませんし、ものすごい努力も必要ありませんから、今すぐ、何を置いても実行すべきです。

私の口グセは**「最幸！」**です。

「最高」を「最幸」に変えて、どんな時も**「今がいちばん幸せだ」**と思えるようにしているわけです。

不思議なもので、たとえイケ好かない相手が目の前にいても、会話の語尾に「最幸！」とつけるだけで、その場の雰囲気がフッと和み、ギスギスエネルギーがキラキラエネルギーへと変わっていきます。

そんなステキな効果のある言葉を、私は**「最幸言葉」**と呼んでいます。

☆ありがとうございます
☆愛しています
☆感謝いたします
☆楽しいです　嬉しいです
☆ステキです
☆幸せです
☆ツイています

まずはこの7つの言葉を、あなたの口グセにしてみましょう。おまじないだと思って使えば、まるで白魔術のような効果を発揮してくれます。

2 引き寄せの第一歩は「ありがとう」の言葉

「最幸言葉」の中でも特に大事なのが**「ありがとう」**という言葉です。

モテない、縁遠い、出世できない、貧乏。

私のスピリチュアルカウンセリングには時々、こうした「四重苦」に悩んでいる人がいらっしゃいます。

共通しているのは、他人に対して「ありがとう」と言えないことです。

これでは幸せにはなれませんし、自分の望むものなど決して引き寄せることはできません。

「ありがとう」の言葉には、**愛と感謝のエネルギーがたくさんたくさん詰まっ**

ています。だからこそ、今以上にもっと意識して「ありがとう」と言えるようになってほしいものです。

特に家族や身内、親しい人に対して「ありがとう」の言葉を忘れがちなのは、「やってもらって当たりまえ」と思っているからです。

照れくさくて言えないのであれば、「ありがとう」を言うゲームに参加していると思い、言って言って言い倒しましょう。

そうして**言い続けていくと、運気の流れが急激に変化するのを感じ取ることができる**はずです。

欲しい物が手に入らないのは、そして幸せを手にできないのは、あなたが「ありがとう」と言っていないからです。

ちなみに私は、「ありがとう」という言葉を口にできない人を「ブサイクで魅力ゼロの人」と呼んでいます。顔ではなく、心がブサイクなのです。そんな人を本気で好きになる人はいないし、信頼してくれる人だっていやしません。

究極的には叱ってくれる人、怒ってくれる人、嫌いな人にも「ありがとう」と言えるようになれば「最幸」です。

3

動詞の前には「気前よく」とつける

ほぼ24時間ポジティブで、テンション高めな私は、周囲の人々から
「パッションモンスター」
と呼ばれています。
モンスター、というのが気になるところですが…それほど「疲れ知らず」に
見えるのだろうと受け止めています。
なぜそこまで元気でいられるのか。それは、何をするにも
「気前よく」
をモットーにしているからです。

気前がよいとは、いつもご馳走してくれるとか、お金をバンバン使う人に対してだけ使う言葉ではありません。

「気」が「前」に向いているということ。

「気構え」がよいということ。

それが本来の「気前がよい」の意味であると私は捉えています。

前に向いた「気」はポジティブで、その「気」で自分の構えを作れば、常に元気でいられるだけでなく同じ波動の出来事を引き寄せられるようになります。

心で思うより、言霊にしたほうが効果はより強くなりますから、これからは**動詞の前に「気前よく」とつけてみてください**。

気前よく食べましょう！　気前よく遊びましょう！　と、こんな具合です。

これは、ネガティブな思いを一掃する言葉でもあります。

例えば、欲しい物が手に入らなかった時も「気前よくあきらめましょう！」と言えば、何だかスッキリします。ドンヨリ気分の時は「気前よく落ち込みます！」と宣言して落ち込めば、気が前を向いているのでバカらしくなります。

最幸言葉と併せて口グセにすれば、前向きな言葉が羅列され、物事の流れや運気がどんどん変わっていくでしょう。

「六戒言葉」にご用心

言霊に宿る力は、よいエネルギーばかりではありません。
最初にお話ししたように、悪い言葉を使えば悪いことも起こってしまいます。
私はこれを**「六戒言葉」**（ろっかい）と呼んでいます。

★不平不満
★愚痴
★泣きごと
★言いわけ
★悪口

★文句

この六つの言葉は不思議なもので、例えば誰かの悪口や文句を言っても、相手の運気を下げることはありません。

自分の運気だけが、すかさず悪くなるのです。

それも、金運・健康運・仕事運・恋愛運・結婚運…つまり生きていくために必要なすべての運気がダダ下がり。恐ろしい限りです。

なぜこんなことになってしまうのでしょうか？

私たちが住まう地球は、宇宙の一部です。

宇宙は**「生み出す力」**に溢れています。

生み出す力は、**ポジティブなエネルギー**です。

そのエネルギーによって、私たちは生きています。

ですから本来、**よい言葉を使ってよいことを引き寄せるようにプログラミングされている**わけで、ネガティブな言葉は「性に合わない」のです。

私たちは、ステキなもの、素晴らしいものと出会って感動するために生まれてきました。「六戒言葉」でせっかくの好機をブロックしないよう、心がけていきましょう。

毒を持って自分を許す

不平不満・愚痴・泣きごと・言いわけ・悪口・文句という「六戒言葉」を一切言わずに生きられるとしたら、それはもう聖人君子。この世に存在する理由がないと言っても過言ではありません。

私たちは感動するために生まれてきたのですが、だからと言って美しいものだけと触れ合って生きられるなんていうことはあり得ません。

イヤなこともある。腹も立つ。悔しくて涙を流すこともある。

生きていれば、不平不満や愚痴が出るのは当たりまえですし、本音と建前があって当然です。

ですから本当は、「六戒言葉」もどんどん口にしてよいのです。

問題は、言った後にどうするかという点にあります。多くの人は、

「ああ、今日も毒づいてしまった…」

と後悔し、自己嫌悪に陥るでしょう。

しかし、そんな**ネガティブな一面も、あなた自身**なのです。

毒を持っている自分も丸ごと受け入れて、許してあげることが肝心です。

聖人君子になどなれないのですから、**不平不満を言う自分も思いきり愛してあげてください**。

するとその毒は、あなたの魅力になります。

コンプレックスは、あなたの個性になります。

自分を愛し、許せば「六戒言葉」もチャラになるのです。

ただし、ひとつだけ肝に銘じておいてください。

あなたが誰かの悪口を言ったら、あなたがいないところであなたの悪口も言われています。「最幸言葉」にも、「六戒言葉」にも、常にこうしたＷＩＮ－ＷＩＮの法則が発動します。それを踏まえた上で、好きなほうの言葉をどんどん口にすればよいでしょう。

6 「笑顔筋」を鍛える

運気の流れを変えて幸せを引き寄せるために、今すぐできることがもうひとつあります。

それは**「笑顔筋を鍛える」**ことです。

こちらも言葉と同様にお金もかかりませんし、お腹や背中の筋トレのように過酷でもありません。

まずは鏡の前で、笑顔を作る練習をしてみてください。

最初は、口角をキュッと上げるだけでもよいでしょう。

身近にいつも鏡を置いて、ことあるごとに自分の笑顔をチェックするのです。

何もしていない時でも、意識して笑顔を作っていると、やがて筋肉が鍛えられて自然な笑顔ができるようになります。

笑顔を習慣化すると顔に形状記憶されて、ずっとずっと笑顔でいられるようになっていくでしょう。

不運な人の顔は、口角が下がった仏頂面。

幸運な人の顔は、口角が上がった満面笑顔。

つまり**「笑顔筋」＝「幸せ筋」、「笑顔力」＝「幸せ力」**だということです。

自然な笑顔が身についたら、とにかく声を出して笑いましょう。

人は、笑ってくれる人を好きになるものです。

誰かがあなたを楽しませようとしてくれたら、思いきり笑ってあげましょう。

ニコッと涼やかに。クスッと可愛らしく。アハハと晴れやかに。

いろいろな笑いで人を幸せにすれば、それがあなたに返ってきます。

勉強ができなくても、学歴がなくても、日々の努力ができなくても、笑顔でいることはいくらでもできます。

幸運は楽しい場所が大好きです。**人生を楽しんで、面白がって、自分の失敗さえも笑い飛ばせる人になりましょう。**

清く、正しく、欲を持て

清く、正しく、美しく。

欲張ってはいけません。

これぞ日本人の美徳の精神…と思っているなら大間違いです。

仏教でも「無欲」こそが悟りの境地であると説いていますが、その開祖であるお釈迦（しゃか）様自身も「欲」を持っていました。

それは「多くの人を救いたい」という欲です。

自分のためにもなり、相手のためにもなる欲は「大欲」。

自分さえよければよいというのは「我欲」。

言うなれば、前者は「よい欲」で、後者は「悪い欲」です。欲は、人間にとっての原動力。捨てる必要などありません。

大事なのは、「よい欲」と「悪い欲」を間違わないことなのです。

では、この場合はどうでしょう。

「私のことはいいから、あなただけは幸せになって」

一見すると、自己犠牲の精神で尊い感じがしますが、これは悪い欲。言われた側の気持ちを計れない、自分勝手で利己的な考え方です。

欲というエネルギーは本来、自分も相手もよくなるように使うべきものであり、それによって自他ともに楽しく、延(ひ)いては世の中のすべての人々の幸せに繋がっていくべきものなのです。

悩んだ時には「これは大欲か、はたまた我欲か」と自分に問いかけ、答えが我欲であれば「では大欲で捉えたらどうなるのだろうか」と考え直してみてください。必ずその悩みは解決されます。

清く、正しく、欲を持て。

これからの時代のキーワードです。清く正しい大欲を持って歩き出せば、周囲の人だけでなく、天もあなたに味方をして、成功の道が開かれます。

8 行動しなければ何も変わらない

スピリチュアル好きの人にありがちなのが、

「よい本を読み、よい知識を得て、そのまま放置」

というパターンです。

きっと、本を読んで知った、あるいはセミナーなどで勉強に参加した、それだけで「わかったつもり」「できたつもり」になってしまうのでしょう。

ダイエットでも、美容でも、健康でも、そして仕事でも同じこと。何か知識を得ただけで「私はすごいことを知っているから大丈夫」と思い込み、結局は何もしない…私から言わせれば、それは「ラクをしてよくなりたい」という傲慢な勘違い人間に過ぎません。

「楽しい」と「ラクをする」ことはまったく違います。

ラクをするということは、何もしないという意味です。

何もしないで開運効果やよいエネルギーを得ようとすると、誰かからいただくか、奪うしかなくなってしまいます。

知識は、使わなければただの宝の持ち腐れ。この本に書かれていることも、「読んだだけ」では、開運のエネルギーは高まりません。

ひとつでも「なるほど」「そうだったのか」と共感できることがあれば、今すぐに行動に移してください。

どんな小さなことでも、行動を起こすことに意味があるのです。行動することで価値が生まれ、知恵が生まれます。自分にとって楽しい行動ならエネルギーが湧き、誰かにとって楽しい行動なら相手にもエネルギーが湧きます。

叶えたい夢があるなら、近づくために行動を起こしましょう。例えばお金持ちになりたいなら、月1万円の貯金をすれば1年で12万円貯まります。貯まった分だけ心は豊かになり、その豊かさが次のアイデアを引き寄せてくれます。

行動すれば必ず、何かが変わり始めるのです。

9

苦手な人から学ぶこともある

苦手な人というのは、どこに行っても出会うものです。

「なぜ、私ばかり…」と思っているなら、それは被害妄想というもの。

まず、渡る世間は鬼ばかりだと心得てください。ですから、スッタモンダがあって当たりまえなのです。

関わらない、近づかない、電話にも出ない。無視できないなら右手でパンチ、左手でもパンチをして「フザけんな！」と言い返す。それが私の流儀です。

しかし、普通の人の場合はそういうわけにはいきませんよね。

苦手な人とは関わらないほうが無難。それは「逃げ」ではなく処世術。

けれど、**関わらざるを得ない時は、そこに何か意味があるの**です。

例えば怒ってばかりいる上司がいたら、機嫌を取っていないあなたにも非があるのかもしれません。

例えば不快な表情で接してくる後輩がいたら、あなたも誰かに同じような表情を向けているのかもしれません。

例えばマウンティングをしてくる同僚がいたら、あなたの心の中の不平不満、愚痴、泣きごと、言いわけ、悪口、文句を見透かしているのかもしれません。

あなたの不甲斐なさを教えてくれる存在。

あなたが自分で気づいていない顔を映し出す鏡。

あなたを磨いてくれるために、適材適所に配置されている存在。

そのために憎まれ役を買ってくれているのですから、ありがたいことです。

積極的に関われとは言いません。やり返せとも言いません。逃げたって構いません。ただ、こういう言い方をすればこうなる、こういう態度を取ればこうなるという、**人間関係における化学反応をしっかり勉強してください。**

その勉強が経験となって積み重なり、あなたの人生に深みを与え、やがて誰からもナメられない強い人格を形成してくれるでしょう。

10 「生理的に無理」という気持ちの正体

顔を見た途端に「生理的に受けつけない…」と感じること、たまにありますよね。自分の周囲にトラウマやある種のイメージがないのにそう思ってしまう場合は、前世と関係していることが考えられます。

私たちは何十万回と生まれ変わっているので、記憶の断片が蘇ってくるのは当然のことです。

問題は、なぜ「生理的に無理」と思ってしまうのか。

そこには、因果応報の法則が働いているからです。

因果応報の法則には2種類あって、ひとつは**よい行いがよい結果をもたらす**

「ダルマ」、もうひとつは**悪い行いが悪い結果をもたらす「カルマ」**です。

相手に生理的な嫌悪感を抱いてしまう場合、影響を与えているのは「カルマ」のほう。理由もなしに嫌いと感じる、いじめたくなる相手は、かつて自分がいじめられていた可能性が、逆にあなたが理由もなく嫌われ、いじめられているのであればかつて相手をいじめていた可能性があります。

昔、10代の頃に実兄に悪戯されたことが原因で結婚できないと悩んでいる女性がいらっしゃいました。

「あなたが前世で誰かにしたことが、今世で自分に返ってきたのでしょう。けれど、同じ体験をしたのだからそれでもう許されているのよ。だから難しいかもしれないけれど自分を許しなさい」

そうアドバイスした一年後、彼女は結婚をしました。

「生理的に無理」は前世のカルマ。その人と出会ったことで、カルマがひとつ消えたと思ってください。そして**「自分を許します」**と口に出してください。

輪廻転生は魂の生成発展のためのものですから、気づいた時に許す気持ちを持たないと、次に生まれ変わったらまた同じテーマを与えられてしまいます。

でも「生理的に無理な人」って、話してみると案外よい人なんですよね。

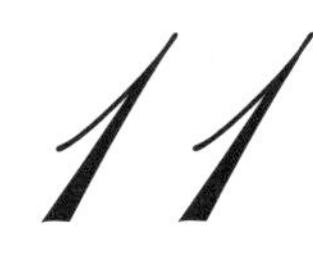

成功者や憧れの人の真似をする

仕事ができる人。女性として魅力的な人。

人生の成功者と呼ばれる人たちには、ひとつの共通点があります。

それは、**気遣いや気配りに長けているということ**。

さまざまなシーンにおいて、どうすればその場が盛り上がり、どうすればみんなが楽しくなれるのかを常に考えているのです。

例えば会話。

相手の話によく耳を傾け、傷つけるようなことはたとえ冗談でも口にしていません。

例えば身だしなみ。

質のよいものをまとい、女性ならきちんと手入れの行き届いた髪や肌を、ヘアスタイルやメイクに工夫を凝らして最大限に美しく演出しています。

何より素晴らしいのは、その人たち自身がそうした気配りや気遣いを楽しんでいることです。

人生は、楽しむことが大事です。

「どうしたらみんなが楽しんで面白くなるか？」

「どうしたらもっとステキになれるか？」

と考え、研究している人に目を向けて「これなら私にもできる！」と思うことがあればどんどん取り入れて真似をしていくべきです。

スティーブ・ジョブズに憧れているのなら、黒タートルを着ることから真似ても構いません。エマ・ワトソンに憧れているのなら、メイクもさることながら社会福祉活動に参加してみるのもよいでしょう。

憧れの成功者、憧れの女性の真似をすれば、その人の波動を身につけることができます。さらには自分の脳が**「成功脳」「魅力脳」**に変わります。

次々と真似をして習慣化できればベストです。

12

酸化と還元の法則

人間の体は電気を帯びていて、年齢とともにどんどん酸化していきます。

腐る、錆びる、臭う、たるむ――これらはすべて酸化の影響です。

私は日々、スピリチュアルカウンセラーとして人生を観ると同時に、美容研究家としても女性の髪や肌を観ていますが、人によって酸化の度合いにかなりの差があるなと感じています。

20代でも老け込んでいる人。50代60代でも若々しい人。

その差はどこにあるのかというと、ずばり**「声」**。

いつまでも酸化していない人の声はハツラツとして大きく、酸化が進んでいいる人の声はボソボソと小さい。赤ちゃんの頃は毎日ワーワーギャーギャー泣き叫んでいたのに、大人になったら「大きな声が出ないんです」なんて、本当におかしいと思います。

酸化の反対語は「還元」で、元に戻す、若返るという影響を持っています。大きな声を出すと、血流が促進されて「圧」が上がるため、全身に還元作用が働き始めるのです。それは川の水と同じで、バケツに汲んで放置すれば腐ってしまいますが、動圧によって流れ続けていれば腐ることはありません。

人間の体内に存在する電子を奪うのが酸化、与えるのが還元です。大きな声を出して動圧が上がることにより、電子が還元されて生体エネルギーが活発になるわけです。

しゃべる声を少しだけ大きく、ハキハキとさせること。一日1回、近所迷惑にならない程度に大きな声を出すこと。これだけであなたの血液はサラサラ、健康と美しさが手に入ります。

そうして元気になればポジティブエネルギーが高まり、幸運も訪れることでしょう。

これはいわば、自家発電。自分で自分の運気を上げられるわけです。

13

生き方と運気を還元する言葉

動圧を上げて体内の電子を還元させ、美と健康と幸運を手に入れる方法は
「大きな声を出すこと」
だとお話しました。
けれど、闇雲に大声を出せばよいというものではありません。
ここでぜひ、「最幸言葉」を大きな声で唱えてほしいのです。
でもその前に。
普段から小さな声しか出していない人は圧が低く、姿勢も猫背、不平不満の
「六戒言葉」をよく口にして、酸化が進んでいる可能性があります。

まずはその低気圧を高気圧に変換させることから始めましょう。
毎朝、起床したら背筋をピンと伸ばして立ち、ハリのある大きな声（近所迷惑にならない程度）でこのように唱えます。

「アツ！アツ！アツ！アツ！」×20回。

「大丈夫！大丈夫！大丈夫！」×20回。

「何とかな～る、何とかな～る」×20回。

そして最後に、肘を曲げて脇を動かしながら

「ウキウキワクワク！ウキウキワクワク！」×20回。

全身の血流が促進されてポカポカになり、テンションMAXになります。
これは私自身も、私の美容関係のお弟子さんたちも実践している習慣です。
そうして体と心が元気になったところで、

「愛しています。感謝いたします。楽しいです。嬉しいです。ステキです。幸せです。ツイています」

と、大きな声で唱えましょう。何回繰り返してもOKです。
ポジティブな言霊の連鎖と還元作用の相乗効果で、あなたの心身と運命が急激に還元されていくでしょう。

心臓にファーを生やす

「あの人、心臓に毛が生えているわよね」

神経が図太くて、ちょっとやそっとのことでは動じない、肝(きも)の据(す)わった人のことを、こんなふうに表現することがあります。

私もよくそう言われるのですが、心臓に毛…というのは少々ダサく感じます。

そこで、こんなふうに切り返しています。

「私の心臓には、フワフワのファーが生えています。ラマの毛です」

みなさんにもぜひ、そんなふうに思っていただきたいのです。

物質よりも心を重んじる時代が、数年前から始まっています。

ですから特に女性には「強く」ではなく、**「超強く」**なってほしい。

そのために、**心を鍛えてほしいのです**。

心臓に毛、と言うと粗野で男性的な感じがしますが、フワフワのファーが生えていると思えば、楽しくありませんか?

そのファーは、不平不満や愚痴をやんわり包み込むことができます。

ネガティブなことを毛玉にして、猫のようにペッと吐き出すことができます。

とてもラグジュアリーな心臓です。

そんなイメージを持ちながら、これからどんどん辛い経験や苦しい経験をたくさん積んでいってください。

毛玉を楽々と吐き出せるようになったら、どんなことも跳ね返せる強い心を持てるようになります。

自分で自分に結界を張って、ネガティブなことを近づけないようになれます。

夢があるなら、叶えたい願いごとがあるなら、凹んでいる時間はありません。

心臓にファーをモフモフ生やして超強く、人生を生きていきましょう。

column 1

鏡を磨いて
頭と心をスッキリさせる

鏡は、使い方次第であなたの強い味方になってくれるアイテム。

ファンデーションケースの鏡や小さな丸い鏡は、心のモヤモヤを晴らしたり、ボーッとした頭をクリアにする秘策として使えます。

ただし、普段から汚くしていると効果は半減。常にピカピカに磨いてお手入れしておきましょう。

①ファンデーションケースの鏡または小さな丸い鏡をひとつ用意します
②鏡面をパウダーで曇らせます
③曇った鏡面の上半分だけをティッシュで磨いてパウダーを落とします

鏡には、あなたの額の部分だけがはっきりと映っているはずです。

額をしっかりと見つめてください。

すると、額に神経が集中して、頭がはっきり、心はスッキリしてきます。

「鏡を輝かせると自分が輝く」と知っておけば、頼りになる味方がひとり増えたも同然です。

第2章

Chapter......2

豊かな
エネルギー
循環の
法則

与えることに専念するほど豊かになる

種を蒔(ま)いたら、花が咲く。
これは「原因と結果の法則」です。
私たちが生きている世界にも、この法則は働いています。
種は、あなたの言動です。
花は、言動によって咲くこともあれば、咲かぬこともあります。
種と花を結ぶのは「相手に与える」という行為です。
誰かに何かを与えれば、必ず自分の元へ返ってくる。
相手によいエネルギーを与えれば、満開の花が咲きます。

相手に悪いエネルギーを与えれば、花は蕾のまま枯れてしまいます。しかも、どちらも2倍返し3倍返しでやってきます。

ならば**相手にとって心地よい言葉、楽しいこと、嬉しいことをどんどん与えたほうがよい**に決まっています。

相手にエネルギーを与えても、あなたのエネルギーは枯渇しません。それどころか、ますます豊かになっていくのです。

ケチケチしないで、思いっきり与えて与えて与えまくってください。

まずは初級編として、幸せそうな人やご機嫌の麗しい人にエネルギーを与えてみましょう。あなたも相手もウキウキワクワク楽しくなって、その効果を実感できるはずです。

次に中級編として、具合の悪い人にエネルギーを与えてみます。楽しい場所や感動する場所に連れ出すだけでも、エネルギーを与えていることになります。そんな時間を共有すれば、お互いハッピーになれるでしょう。

上級編は、あなたにダメージを与えてくる人にエネルギーを与えること。**相手に不満を持つ前に、自分の言動を変えてみる。**笑顔が最強の武器として役立ちます。相手にも笑顔が浮かべば、10倍返しの豊かさゲットです。

趣味の話を傾聴するのは一石三鳥

私はどんな人にも必ず
「あなたの趣味は何ですか？　どんなことに興味を持っていますか？」

と、聞くことにしています。

ある人は釣り、ある人はマラソン、またある人は俳句…人によって関心を持っていることは異なりますが、共通していることがひとつあります。

それは、**とても楽しそうに話している**ということです。

当たりまえのことですが、好きだからやっていることが趣味というもの。

ですから、趣味の話をしている時は自然と楽しくなるわけです。

楽しく話している人からは、最幸にポジティブなエネルギーがどんどん湧き出ています。それが聞いている側にも伝わって、こちらもどんどん元気になっていくのです。

趣味の話に耳を傾ける効果は、これだけではありません。

例えば私は、釣りもマラソンもしませんが、今まで知らなかったことやその分野の醍醐味を知ることができますし、聞いているうちにこちらも楽しくなってきて、「私もやってみようかな」と思うこともあります。

すると、自分の世界観が広がっていくわけです。

さらに、人は自分の話を聞いてもらえると嬉しくなるので、相手への好感度が上がります。こちらも、相手が普段見せない一面を垣間見ることができて、理解を深めることができるでしょう。

このように、他人の趣味の話を傾聴すると、**最幸なエネルギーをもらえる、知識が深まる、人間関係がよくなる**と、一石三鳥の効果があるのです。

注意すべきは、相手の趣味嗜好（しこう）をけなさないこと。競馬やパチンコをしなくても、好きな球団や芸能人が違っても、他人に迷惑をかけるようなものでない限り、相手の好きなものを尊重すべきです。

魅力的な行動で宇宙貯金が貯まる

地球には引力、人間には魅力があります。

そして宇宙には「**宇宙銀行**」なるものがあって、**地球上で魅力的なことをしていると預金が増え、魅力的でないことをすると預金が減る**というシステムになっているそうです。

この貯金には金利もつくようで、魅力の貯金額に応じて発生した金利が地球上で「幸運」を呼び込んでくれます。

逆に「不運」にばかり見舞われている人は、魅力の貯金がマイナスになっている可能性大。金利は、預金する時よりも借金する時のほうが高いのが相場ですから、自分が取った魅力的でない言動以上にイヤなこと、悪いことが次々と起きてしまうわけです。

ですからちょっとした行いも、ちょっとした言葉も**「どうすれば魅力的になるか」**ということを考えたいものです。

ポイントは、宇宙銀行の頭取が「優良」スタンプを押してくれるかどうか。

例えば楽しいイベントは、ひとりよりもふたり、ふたりよりも大勢で参加するとお互いのエネルギーが倍増します。

仕事の企画は、より多くの人が喜び、支持されるという観点から考えます。

私は美容の商品を考案する際、常に近江商人の心意気である「売り手よし、買い手よし、世間よし」という「三方よし」の精神をモットーに、もうひとつ「頭取よし」を加えて「四方よし」を目指しています。

お蔭さまでどの商品も大ヒット、お客様も私たちも「よし」で魅力をどんどん貯金しております。

自分が楽しいこと。相手も楽しいこと。自他ともに豊かになること。

そして、**世の中のためになること。**

それが魅力という貯金。宇宙銀行の頭取も金利をアップしてくれそうです。

18

「また会いたい」と思われる人になる

豊かな人生を送るためには、豊かなエネルギーが必要です。

自分ひとりのエネルギーでも十分かもしれませんが、そこに**もっと大勢のエネルギーが集まればエネルギーは無尽蔵となり、どんなことでも実現できるようになります**。

そのためには、周囲から応援してもらえる人になることが肝心。

必要なのは、宇宙銀行の頭取お墨付きの「魅力」です。

「でも私、顔もよくないし、スタイルも悪いし…」

「歌も下手だし、運動音痴だし、特技が全然ありません…」

とかく人は、こうした考えに陥りがち。外見や特技が魅力を作ると思い込んでいる人の何と多いことか……。

魅力とは、ひと言で表現するならば「また」です。

「また、あの人に会いたい」

「また、あなたに会いたい」

と思わせる人。

見た目やスキルももちろん大事な構成要素ですが、それだけで「また会いたい」とは強く思わないはず。何とも形容しがたい雰囲気や人柄が「また」の主原料なのではないでしょうか。

魅力とは、足し算です。

笑顔、優しさ、思いやり…自分のできること、相手が喜んでくれることをどんどん足していけばよいのです。

どんな小さなことでも、ひとつひとつがエネルギーを発し、そのエネルギーがあなたを魅力的に変えてくれます。

しかも宇宙銀行の頭取のスタンプをもらえて、預金も増えて、金利も増えるのですから、こんなに嬉しいことはありませんよね。

19

どんな人も調子のよい時ばかりじゃない

生きていれば、調子のよい時も悪い時もあります。

常に機嫌よく、気分よく過ごしたいと思っていても、前日の疲れが残っていたり、イヤなこと、悲しいことがあればそうもいきません。

でもそれはあなただけでなく、他の人にも当てはまること。

どんな人も、常に調子がよいわけではないのです。

相手が怒っていたり、イライラしていたり、悲しんでいたり、憂鬱な顔をしていても、それにつられて機嫌を損ねてはいけません。

常に「イライラの種」を探すような人がいます。いつも小言を言いたい人もいます。何にでも文句をつけたがる人もいます。

そんなふうに生きることが、この世をもっとつまらなくしているのですが、あえてお説教する必要もありません。

「世の中にはいろいろな人がいる。この人にはこの人の理屈がある」と、ただ心の中で理解してあげればよいのです。

それが本当の「思いやり」です。

腹を立てず、相手を優しく思いやるだけで、人生は大きく開けていきます。

そもそも、自分の求めていることが他人から完璧に返ってくることのほうが少ないわけで、そこをチマチマと気にしていても仕方ありません。

時には注意しなければならない時もありますが、それでもダメなら相手を許し、そっと離れていけばよいだけです。

必要以上に首を突っ込んだり、余計なことまで口出しをするとこちらが疲れてしまいます。我慢せず、流すことも大切です。

人生は、楽しく面白く生きるだけ。**調子の悪い人に出会ったら「魂の修行」だと思って、あくまでも機嫌よく過ごしましょう。**

相手をほめると人間関係が豊かになる

ある時、年商100億円の不動産会社の社長さんとお話しする機会がありました。ちょうど新規事業を起ち上げるための面接をしている最中とのことでしたが、心優しい社長さんはついつい相手の話に耳を傾け過ぎてしまうため、本当に疲れ果ててしまうのだとか。

そこで私は、こんなアドバイスをしたのです。

「とにかく相手の長所を見つけて、ほめるとよいですよ」

数日後、社長さんから元気な声で電話をいただきました。

「相手をほめる面接に切り替えたら疲れ知らずになったばかりか、優秀な人材を採用できるようになりました」

ほめる面接には、実は様々な効果があります。

従来の面接では、お互いに短所を見られまいと固くなり、ネガティブエネルギーの奪い合いが起こってしまいます。しかし**長所を見つけてほめていくと、お互いにポジティブな感情が生まれて雰囲気が楽しくなり、エネルギーを与え合うことになる**のです。

採用された人にはきっと、「自分を認めてほめてくれた社長に一生ついていこう」「この会社のために頑張ろう」という意欲が湧いてくるでしょう。

不採用になった人も、面接でほめられているわけですからその会社に悪い印象を持つこともなく、逆に「会社との縁はなかったけれど、こんな人が代表ならぜひ商品やサービスを利用したい」と思ってくれるかもしれません。

これは面接に限った話ではありません。

日頃から相手の長所を見つけて、ほめる習慣をつけましょう。

時には短所を指摘せざるを得ない場面もあるでしょうが、それはきっと本人がいちばんよくわかっているし、改めて指摘されると不愉快なものです。

長所をほめ合うことで人間関係が好転し、豊かなエネルギーに恵まれます。

誰にでも効く最強のほめ言葉

相手をほめたいと思っても長所が見つからない、言葉にするとニュアンスが違ってしまう、白々しくなってしまう…ということもあると思います。

実はそんな時に使える、とっておきの言葉があるのです。


「いい感じですね」


長所が見つかっても見つからなくても、私は必ずこのひと言を添えています。

いい感じ、と言われて気を悪くする人はまずいないでしょう。

それどころか、言われた人の心の中にはその期待に応えようという思いが自然と湧き起こってきて、知らず知らずのうちに「いい感じの人」を演じようとするものです。

私は毎日タクシーを利用していますが、運転手さんに必ず「いい感じですね」と声をかけています。パッと乗ったタクシーですから、相手の人となりはわかりません。それでも「いい感じ」とほめることで、ほとんどの人が顔をほころばせてくれます。中にはおしゃべりを始めたり、とっておきの近道を通ってくれたりする人もいるのです。

どんな人でも、悪く見られようとは思っていません。そして**自分に思いやりをかけてくれた相手を大切にしようと思う**のは、ごく自然な感情なのです。

もうひとつ、中級者テクニックも教えておきましょう。

それは「いい感じですね」の後に、自分なりに感じた相手の雰囲気を「いい感じ」にしてひと言添えること。

例えば根暗っぽい人やおとなしそうな人には「癒し系ですね」。

おしゃべりでうるさい人には「情熱的ですね」。

物は言いよう、あとはあなたのセンス次第。

こんなふうに、**どんな人でも「いい感じ」に捉えてほめれば、相手もあなたを「いい感じ」に捉えてくれるのです。**

エネルギーが飛躍的に上がる「3ほめ」の法則

私たちは他人を見る時、どうしても批判的な目線に偏りがちです。

だからこそ、どんな人でも長所を見つけること、見つからなければ「いい感じですね」とほめることが大事だとお話ししました。

できればいつも4割増しくらいで大げさに、「歯が浮くほど」ではなく「歯が抜けるほど」の勢いでほめてあげてください。

さて、他人をほめられるようになったら、今度は上級の**「3ほめ」**に挑戦してみてください。私も常に意識していて、実践すればするほど豊かなエネルギーが飛躍的に倍増していきます。

ひとつめは**「国ほめ」**。

自分の住んでいる土地、町、都道府県、日本国、スケールを広げて地球全体まで、**住まわせていただいていることに感謝してほめること**。すると「場」のエネルギーがプラスに働き始め、よいことが起こり始めます。併せてビジネスパートナーや仕事仲間、恋人、家族が住んでいる場所もほめると、一石二鳥の効果が生まれます。

ふたつめは**「モノほめ」**。

自分が使っている物、道具、すべてをほめてあげること。物質は無機質に見えて、実は「量子」というエネルギーの集合体であり、命が宿っているのです。**ほめることで物の大事さがわかるだけでなく、物たちが喜んで最大限の力を発揮してくれるようになります**。

そして最後が**「命ほめ」**です。

私たちは日々、植物や動物の命をいただいて生きています。どんな食べ物でもよく噛んで味わって「美味しいね」と食べることで命を讃えていることになります。木や花、猫や犬にも「キレイだね」「かわいいね」と声をかけましょう。

すべてが自分の命と同じくらい尊い存在。そこに感謝が生まれます。

トラブルは
あなたが変わる好機

何ごともない平穏な日々。平凡こそ幸せの証。

よくそんなことを口にしている人を見かけます。

もちろんその通りです。

誰だって、悩みごとやトラブルなどないほうがよいに決まっています。

しかし、そううまくいかないのが人生というもの。

生きていくことそのものが修行のようなものですから、些細なものから大きなものまで、誰にでも悩みやトラブルはつきものです。

悩むと、人は落ち込みます。

落ち込むと、川がせき止められたように動圧が下がり、エネルギーもどんどん枯渇してしまいます。

何が悪かったのか。何が間違っていたのか。自分の内面と向き合うのは大事なことですが、悩みに飲み込まれてしまっては元も子もありません。

そもそもなぜ、そんな悩みやトラブルが起きてしまったのだろう。

そんなふうに客観的な視点で、見つめ直してみてください。

それは、気になっていたけれど先送りにしていた問題かもしれません。

それは、起こるべくして起きてしまったトラブルなのかもしれません。

それは、相手が悪いのではなく自業自得の悩みなのかもしれません。

いずれにしても、これはものすごい好機だと言えます。

なぜなら天の神様が

「足りないものに、そろそろ気づきなさいよ」

とアドバイスをくださっている証拠だからです。

気づいた時、悩みの半分は解決しています。残りの半分も、**絶対に何とかなります。**そうして問題をクリアした時、あなたは足りなかったものを手に入れて、劇的に変わることができるのです。

問題が起きたら楽しい解決法を考える

問題が起きたら、人生が好転するチャンス。

それに気づけば、半分は解決。

残るはあと半分です。

ここでまた、ネガティブな津波に巻き込まれては元も子もありません。

どうせなら、**楽しく解決の方法を考えましょう。**

人生はどんな時も、楽しんでナンボです。

例えば探検家になったつもりで、あるいはロールプレイングゲームをプレイしているつもりで、さまざまなアングルから探ってみたり、真っ暗な洞窟に超強力な懐中電灯を持って踏み込んでみたり。そんなイメージはいかがでしょう。

あるいは名探偵コナン君になったつもりで、悩みという事件を解決していくのも面白そうです。まずは悩みの発端となった事件を検証していきます。その時の感情を考察し、さらに過去に類似事件がなかったかも調べてみます。

事件の裏に隠された動機が見えてくるかもしれません。

とにかく動きを止めないこと。この世には「成功」と「大成功」しかないと思って、ゲームを、推理を楽しみましょう。

行き止まったり、行き詰まったり、何かにぶつかることもあるでしょう。

そんな時は**自分に、そして周囲の人や物に目を向けて感謝してみてください。**

今日、ご飯が食べられることに感謝。

仕事があることに感謝。

相談できる人がいることに感謝。

一日を生きられたことに感謝。

すると、反省点や改善点が必ず見えてきて、より具体的な解決策を見つけることができるでしょう。

転んでも、タダで起きてはダメですよ。

難問をクリアすると ご褒美がもらえる

問題の解決策が見つかっても、なかなかうまくいかない時もあります。

相手がかなりの強者（つわもの）だったり、さまざまな出来事が複雑に絡んでいる場合は難問難関山積みで辟易（へきえき）してしまいがちです。

私もこう見えて、かなりの修羅場をくぐり抜けてきました。

信頼している仲間に裏切られたり、総スカンを食らったり、断腸の思いで人間関係を断捨離したり…。

そんな時私は、

「ああ、修行が来たな」

と思うようにしています。

山にこもらなくても、滝に打たれなくても、普段の生活の中でこんな荒行ができるなんて、ある意味素晴らしいことだと思います。

それに「なぜあんな人のために…」と思うより**「これは自分のためなのだ」**と思えば苦しみも半減、憎しみや嫉妬といった余計なネガティブ感情にも翻弄されずにすむものです。

そうして数々の修行を達成してきたわけですが、その経験から得たのは、

「難問をクリアしたら必ずご褒美をいただける」

ということでした。

天は、乗り越えられない試練は与えないということわざがあります。

まさにそのとおりで、**どんなに難しく見えても必ず解決の道はあります。**

世界では一日4万人が餓死し、人生これからという時に不慮の事故で命を奪われる人もいます。五体満足で生きて、給料をもらい、ご飯を食べられるだけでも奇跡。**難問は、そんな当たりまえの素晴らしさに気づく好機**でもあります。

そしてすべてが**クリアになった時、天はあなたが本当に願っていることを叶えてくれる**のです。

道を間違えていると必ずサインがくる

お釈迦様は、あらゆる修行を乗り越えて悟りの境地に至った結果、

「難行苦行は無駄である」

とおっしゃいました。

世界のＨＯＮＤＡの創業者である本田宗一郎さんは、苦労に苦労を重ねてオートバイを完成したと思われていますが、ご本人は夢を追いかけることが楽しくて楽しくて仕方なかったそうです。

何度も言いますが、人生は楽しんでこそ光り輝くのです。

悩みやトラブルに見舞われても、楽しく乗り越えていくべきなのです。

修行は楽行。そんなふうに思ってください。

それでも立て続けに苦労や困難がやってきたり、物事がうまくいかないのは
「間違っていますよ」

というサインです。

周囲から人がいなくなっていく。人間関係がぎくしゃくする。

売り上げが下がる。仕事が減っていく。誰からも電話がかかってこなくなる。

変な人が寄ってくる。誰かひとりに固執してメールをしまくる。

心当たりがあるなら、間違っていることがないか考えてみる必要があります。

苦労のあとには苦労が続き、我慢の先には恨みが待っています。

もちろん、**何を成し遂げるにも努力は必要です。**

しかしそれを「辛い」「苦しい」と感じるのなら、間違っているのです。

だからと言って落ち込む必要はありません。自分を見直す好機なのですから。

ひとつひとつの経験は「点」だけれど、それが繋がれば「線」となり、経験となり、それがあなたの生き様になっていくのです。

真の成功に向かう道を歩んでいる時は、ウキウキワクワク楽しいもの。

これだけは忘れないでください。

自分の機嫌は自分で取る

人は誰でも、ほめられると嬉しくなります。

ほめてほめてほめてほめ倒すほど、相手はハッピーなエネルギーを発しますし、それがあなたにも還元されるだけでなく、相手が喜ぶ姿を見てあなたからもエネルギーが湧いてくるので、何もかもが最幸のコンディションになっていきます。

しかし、他人に自分を「ほめさせよう」とするのはよろしくありません。

出世したり、お金持ちになると「ほめろほめろ」と強要する人を時々見かけますが、その行為の裏には「もっと評価されたい」「認められたい」「でも本当は自信がない」という気持ちが隠されているように感じます。

他人に無理やりご機嫌を取ってもらっても、自尊心は満たされません。自分のご機嫌は、自分で取るのがいちばんよいのです。

誰にも迷惑をかけませんし、揺るぎなき自信を養うことができます。

ところで「機嫌」には、「上機嫌」(上気元)「中機嫌」(中気元)「不機嫌」の3つがあるのをご存知でしょうか。

不機嫌な人からは不機嫌な「気」が出ていて、さらに不機嫌になることを引き寄せます。中機嫌な人はよいことがあれば上機嫌になり、悪いことがあると不機嫌になります。いわば普通の人、起こる出来事も平凡です。

ところが**常に上機嫌でいられる人は、「上の気」がポジティブなエネルギーを引き寄せてくれるので、よいことばかりが奇跡のように起こる**のです。

自分自身を上機嫌にする方法は、いたってカンタン。

いつも楽しいことを考えること。そして**人をほめること**。それだけです。

ご飯を美味しいと思う。お笑い番組で大笑いする。妄想劇場の中でステキな恋愛を楽しんでもよいでしょう。

毎日続けていると、不機嫌な相手に左右されない「結界」が張れるようになっていきます。つまり、**あなた自身がパワースポットになる**のです。

column 2

揺れるピアスは
週3日で使用する

開運という観点において、ピアスには賛否両論あるようです。
しかし、そもそもなぜ耳に穴を開ける習慣ができたのかと言えば「気の通りをよくして縁をつける」ということに由来しています。ピアスには数千年の歴史があり、あのお釈迦様も耳に穴が開いています。

そんなピアスについて意外と知られていないのが、揺れるフープ型のものは人の気を引く、つまり人気を集めるということ。特に男性にとって、キラキラと揺れるものは狩猟本能をかき立てられるようです。

つまり、揺れるピアスをつければ人気者になれたりモテたりするわけですが、過ぎたるは及ばざるがごとし！ あまりに人の気を引き過ぎると、トラブルの元になりかねません。意地悪をされたり、ストーカーを呼び寄せてしまうことも考えられます。
幸せを逃さぬためにも、フープ型ピアスをつけるのは週３日くらいに留めておき、あとの４日は耳たぶにつくデザインを選びましょう。

第3章

Chapter......3

天を味方につける法則

すべての出会いに感謝して楽しむ

人と人との出会いは偶然ではなく、「必然」であるとよく耳にします。
それはなぜだと思いますか?
これまでのあなたの人生を、ちょっと振り返ってみてください。
先祖、祖父母、両親という家系。
受験、就職、転勤、引っ越しなどのイベントや出来事。
さまざまなことが繋がって、現在のあなたが存在しています。
あの時、別の道を選んでいたら?
あの時、右ではなく左の角を曲がっていたら?

今のあなたはまったく別な存在になっていたでしょうし、これまでの人生で顔を合わせてきた人たちとも出会えなかったと思います。

当たりまえのことですが、当たりまえではないのです。

この世には何億という人々が存在しています。その中で、軽く挨拶を交わすことができただけでも必然の奇跡。ましてや会話を楽しんだり、親しいお付き合いができるなんて、本当に素晴らしいことなのです。

そう考えると、街中ですれ違っただけの数秒間の出会いすら、愛おしく感じられるはずです。

ひとつひとつの出会いを大切に思うことができれば、そこに感謝の思いが生まれます。人見知りなんてどこかへ飛んでいって、あらゆるタイプの人と楽しく言葉を交わすことができるようになります。

そして**あなたの心も、ウキウキワクワク弾んでくる**でしょう。

そのエネルギーが、あなたのもとにさらなるよき出会いと幸せを運んできてくれるのです。

幸運のご加護は「挨拶」から

かつて小学校の授業には「道徳」という時間がありました。

辞書には「社会生活を営む上で守るべき行為の基準」とありますが、私は「徳を積む道の歩き方」だと解釈しています。

その道徳の時間では礼儀についても学びますが、その基本が**「挨拶（あいさつ）」**です。

道徳の授業を知らない世代の人たちも、おそらく幼稚園の段階で「きちんとあいさつしましょう」と習っているはず。

おはようございます。こんにちは。さようなら。

こんなカンタンなことができない、できるけれどつい省略してしまうという人が増えているのは何とも嘆かわしいことです。

人として基本中の基本である挨拶をきちんとできない人には、運も天も味方はしてくれません。

あなたはひとりで生きているわけではない。多くの人の手を借りて生きています。**あなたの毎日を作ってくれているのは周囲の人々**です。そう考えるならば、誰に対しても自分から先に挨拶をするべきだと思いませんか。

「自分から挨拶したのに知らんぷりされた。もう二度と挨拶はしない」

時々そんな残念な会話を耳にしますが、本当は他人の態度などどうでもよいこと。問題はあくまでも、自分が挨拶できるかどうかなのです。

常に自分から、笑顔で明るく挨拶していると、運気は確実に変わります。

「あなたが変われば周囲が変わる」

とよく言いますが、挨拶がしっかりできるようになれば実感できるでしょう。

いつもきちんと挨拶をしていれば、相手もいつか気がつきます。気がつかないような人なら、やがて誰もが離れていくでしょう。

他人の心を動かしてわしづかみするくらい挨拶してみてください。

天は、礼儀正しい人が大好きですから。

今の仕事を愛すれば天職が見つかる

「やりたいことが見つからないんです」

「今の仕事が天職とは思えません」

よくこんな相談を受けますが、自分のいちばん好きなことを仕事にできる人はある意味ラッキー。興味のある仕事や希望する会社に就ける人など、そう多くはないでしょう。

楽しく仕事ができるに越したことはありませんが、仕事というものは総じて大変なもので、だからこそ給料をもらえるわけです。

仕事が楽しくないという人は、趣味などを充実させるとよいでしょう。

しかし、趣味にはお金がかかります。もっと楽しもう、もっと極めようと思えば、もっと稼ごうという気になります。

趣味を楽しむために仕事を頑張っていると、いつの間にか働くことも楽しくなっていくでしょう。

職に就いている人は、そんなふうに今の仕事を頑張ってみてください。

求職中の人は、とりあえず自分の理想は置いておいて「働かせてくれるところ」を探してみてください。

つまり、呼ばれた先で一所懸命に仕事をするわけです。

採用されたということは呼ばれたということであり、呼ばれたということは縁があったということ。この「縁」が大事なのです。

「人事を尽くして天命を待つ」

という言葉があります。

人事を尽くすとは、今の仕事に真剣に取り組むことを言います。

すると、**天命＝天職が見えてくる**のです。

先に天職を知ろうとしても徒労に終わるだけ。なぜなら天職とは呼ばれたるものであり、本当に大事なのはそのことを知る過程にあるからです。

正しさよりも楽しさを優先する

「私は一所懸命真面目に生きているのに何もうまくいきません」

という人がいます。

真面目に生きるのは素晴らしいことです。

身だしなみをきちんと整え、体調が優れなくても仕事を休むことなく働き、寄り道をせず、無駄遣いをせず、親孝行を心がける。日々、こんなに真面目に生きているのだから何かよいことがあるはずだ…。

真面目に生きる＝人事を尽くす。何かよいことがある＝天命を待つ。

心の中で、そんな方程式を作ってはいませんか。

算数のような「1+1=2」という正しさを求めても、人生はそううまくいかないもの。だからこそ面白いのです。

真面目に生きているのにうまくいかないと思っているのなら、こう考えてみてはいかがでしょう。

「天命にまかせて人事を尽くす」

今の仕事や生活は天命にまかせて出てきていることで、それに対して一所懸命真面目に取り組むけれど、先に何が出てくるのかはお楽しみ、という考え方です。さらに言うならば、**自分に起こったことを天命と捉え、それがどんなことであろうとも楽しく人事を尽くす**のです。

明日のことは誰にもわかりません。わからないからお楽しみなのです。

天からご褒美をいただきたいのであれば、**何が起こっても楽しめる自分を作る**ことが大事です。

ある人にとって正しいことが、ある人にとって正しくないこともあります。

正しさは、幸せではありません。

正しさよりも、楽しさを優先させて生きましょう。

32

どれだけ成功しても絶対やってはいけないこと

一世を風靡(ふうび)した人気者が、ある日突然嫌われ者になる。

大成功を収めた起業家が、問題を起こして進退を問われる。

最近はネットで叩かれ、炎上して失脚する人も増えています。

こうなってしまう最大の原因は「おごる」気持ちと「威張る」態度です。

だって人間だもの…と言えばそれまでですが、威張ると周囲から嫌われるだけでなく、天から与えていただいた運も才能も活かせなくなってしまいます。

威張る人というのは、自分で自分の機嫌を取れない人です。他人からほめてもらったり、気を遣っていただくのはありがたいことですが、自分で自分の機嫌を取れる人にとってはどちらでもよいことなのです。

時々レストランなどで「こっちは金を払っている客なんだぞ！」的な態度で従業員に威張り散らしている人を見かけますが、あれほどみっともないものはありません。結局は自分の品位を落とすだけでなく、他人のエネルギーを奪った分だけ、巡り巡って自分のエネルギーも奪われることになるでしょう。

本当に才能のある人、本当に偉い人は、まったく偉そうにしていません。なぜなら、**成功するほどに人との繋がりを実感し、自分ひとりでは何もできないことがわかってくる**からです。むしろその恩を還元すべく、相手を上手にほめて上手に叱りながら人材を育成しようと努めています。

この社会では、すべての人が繋がって、お互いに支え合って生きています。ですから誰かひとりだけが偉いわけではないのです。成功するほど、夢に近づくほど、そのことに気づかなければなりません。**成功や夢、役職の上にあぐらをかかず、おごらず、威張らず、さらに自分を育てていきましょう。**

そして、やたら威張っている人に出会ったら心の中でこう思ってください。

「この人は仕事のできない人なんだな」

気分スッキリ、腹を立てずにすみますよ。

33

笑顔とうなずきで愛される

社長など役職についている人は、おごらず威張らず、自分で自分の機嫌を取らなければなりませんが、では社員や部下はどうかと言うと、少々矛盾して聞こえるかもしれませんが、社長や上司の機嫌を取れるくらいの人であるべきだというのが、私の持論です。

なぜなら、働く場所を提供してくれて、給料を払ってくれて、対外的な責任のすべてを負ってくれるのは会社であり、会社を運営しているのはあなたの上司や社長だからです。

そんな素晴らしい社長や上司のご機嫌のひとつも取れず、文句ばかり言いながら「働いた分の給料をもらうのは当たりまえの権利だ！」などと言っているあなた。あまりにも感謝が足りないのではないですか？

しかし機嫌を取ると言っても、ただ美辞麗句を並べ立てるのでは心も意味もありません。

ご機嫌を取る最幸の方法は「聞き上手」に徹すること。

そのための最大の武器が**「笑顔」**と**「うなずき」**です。

いつも笑顔でうなずきながら話を聞いてくれる人を、大事に思わない人はいません。

続けていれば、あなたは必ず「愛され社員」になれるでしょう。

社員という立場でない人も、ご機嫌を取らなければならない相手には「笑顔」と「うなずき」をフル活用してみてください。

相手のご機嫌が多少悪かったとしても「大変だな」と思いつつ、そっと聞き流してあげるのも愛です。よい会社、よい職場とはこのように、それぞれの立場に応じた愛のエネルギーを、それぞれが発揮し合える場所なのです。

社長や上司、目上の人とのコミュニケーションを上手に図れる人は、必ず出世します。

34

エネルギー泥棒にご用心

私は美容研究家としても、スピリチュアルカウンセラーとしても大成功していますが、自分で自分の機嫌を取る術を知っているので、威張らず、思いやりを持ち、誰とでも気さくに接することを常に心がけています。

すると大抵の人は、まるで鏡の如く同じような態度を返してくれるものです。

しかし、みんながみんなそういうわけにはいかないのが人生。

自分の機嫌の取り方を知らない人は威張ったり、機嫌を取らせようとして、相手のやる気や元気を奪おうとしてくるわけです。

そんな人たちを私は「エネルギー泥棒」と呼んでいます。

エネルギー泥棒に遭遇したら相手にしないのがいちばんです。

上から目線の相手のご機嫌を無理に取ろうとすると、自分の機嫌まで損ねてしまいかねません。

そんな時私は**「マーガレットを摘んできま〜す！」と言って、スタコラサッサと逃げる**ことにしています。ちなみにマーガレットとはトイレの隠語です。

それでも逃げられない時はどうするか？

前にもお話ししたとおり**「修行が来たな」**と思うことです。

かといって、ひたすら我慢してはいけません。我慢はネガティブエネルギーの竜巻を発生させて自他を疲弊させ、あなた自身がエネルギー泥棒になってしまうからです。

それも、修行を楽しいことに変えてしまえば何ということはありません。

私はエネルギー泥棒さんを、**修行をさせてくださるありがたい存在**という意味を込めて、心の中で**「達人」**と呼んでいます。もうそれだけでフフフと笑えてしまいますよね。そして「よし今日はこの達人の滝で修業しよう」と思うと、フッと気が楽になるのです。後日、「こないだこんな達人がいてね…」と笑い話に変えてしまえばパーフェクト。逆にエネルギーが倍増するのです。

35

「許す心」を忘れてはいけません

なぜ、あんな言い方しかできないのだろう。

なぜ、私だけひどい対応をされるのだろう。

なぜ、無視するの？　なぜ、私にだけ話してくれないの？

人生経験を重ねていくと、人間関係の中でどうしても許せないことが出てくるものです。

しかし私たちは神様でも聖人君子でもありません。

完璧な人間など、ひとりもいないのです。

だからこそ、**お互いに許し合うことが必要**です。

許す心を忘れると「生き心地」が悪くなり、いつまでも胸の奥底に黒い霧のようなものが居座り、苦しく、それがネガティブなエネルギーとなってあなたを取り巻き、幸運を逃してしまいます。

まずは、傷ついた心に絆創膏をペタッと貼って「**大丈夫だよ**」と慰めてあげましょう。次に、**相手に対して「許せない」と思い続けてしまった自分を許してあげてください**。

そして最後に、**自分を傷つけた相手を「許します」**と宣言しましょう。

過去は変えられません。ですから許すしかないのです。

そうして自分の心と折り合いをつけられた時、あなたの魂は成長します。

それでも許せないというのならば、声に出してこう言ってください。

「許せないけれど、許します」

許せない。でも許す。でも許せない…その繰り返しでよいのです。許すということを本当に理解するまで、あなたは何回も生まれ変わるのですから。

とてもシンプルで、とてもカンタンなことです。

36

神社仏閣参拝の作法を知っておく

天にまします神様を味方につければ、鬼に金棒。しかしそのためには、神社やお寺へ参拝する際の作法を身につけておかなければなりません。

最初に気をつけたいのは、みなさんが意外に知らない**「足の法則」**です。

神社の場合は鳥居、お寺の場合は正門から敷地内へ入る際、**何度も訪れている場所であれば左足から、初めて行く場所なら右足から入る**ようにします。

左足には「意志を持ってまた参拝させていただきます」という意味があり、右足には「心して参拝させていただきます」という意味があります。

足の法則は、神社仏閣を去る際にも重要で、**「また参拝します」という意志が**

あれば左足から、またいつ来られるかわからない、あまりフィーリングとマッチしなかったという場合は右足から出るようにしましょう。

参拝時の作法についてはみなさんもご存知だと思いますが、念のため。

お寺では合掌(がっしょう)のみに留めて柏手(かしわで)は打ちません。神社では場所によって違いがありますが「二礼二拍手一礼」が基本です。二礼する際は腕を体から離さないように気をつけをし、最後に一礼する時にはおへそのあたりで両手を組むようにしてください。

よく「神様にはお願いごとをしてはいけない」と言いますが、これは本当です。なぜなら**神様には、何ごともなく無事に生かされていることを感謝するためにお参りする**ことが当たりまえだからです。

自分のことばかりお願いしても、神様は叶えてくださいません。

「おかげさまで、幸せで楽しく過ごさせていただいています。神恩感謝」

これだけで終了です。

私はそこでもうひとつ「絶好調であり余っている愛と光のパワーを、必要な人のために使ってくださいませ」とお伝えしています。

すると神様に愛され、ますます運気が向上するのです。

使わない物はどんどん捨てる

「やることなすこと裏目に出てしまうんです」

「もう何をどうしてよいのかわかりません」

鑑定で、そんな不平不満愚痴、泣きごとを訴えてくる人にはひとつの共通点があります。

それは、部屋に物があふれているということです。

中には「もうゴミ屋敷状態なんですよ〜」なんて、笑いながら話す人もいるのですが、実はそれが自身の運気を下げていることに気づいていないようです。

何年も使っていない物、不要な物を捨てずに溜め込んでいると、そこからネガティブなエネルギーが放出されて、あらゆる運気が停滞してしまいます。

「いつか使うから」「もったいないから」という気持ちもわかりますが、**物は使われて初めて価値が生まれるもの**。物にも命が宿っていますから、使われずに放置されているのがいちばん辛いのです。

運気を上昇させたいのであれば、クローゼット、タンス、小物入れから冷蔵庫や洗面台など水回り周辺まで定期的にチェックをして、使わない物、不要な物を整理することが肝心です。

まだ使える物であれば、必要としている人に差し上げるか、リサイクルショップなどを利用するという手もあります。

そして処分する際には、どんな物に対しても
「今までありがとうございました。お世話になりました」

と、声をかけてあげましょう。

ちなみに私は、新しい物を購入したら、古い物をひとつ手放すことにしています。かつての部屋は大好きなムーミングッズであふれていましたが、涙ながらに処分をした途端、ドーンとステータスアップすることができました。

古い物を手放すと、新しい物が入ってくるようになるのです。

開運掃除①　水回りと窓ガラス

不要な物を整理しても、部屋のあちこちに汚れやホコリが溜まっているとネガティブエネルギーも溜まってしまいます。

住居はいつもキレイにしておくべきですが、中でも毎日掃除をしていただきたいのが水回りです。不運には、水回りの汚れが大きく影響しているのです。

特に**トイレ**は金庫以上に大事な場所。**金運、健康運**に関係しています。水が滞ると運気も滞るので、常にスムーズに流れるようにしておくべき。出世している人は、便器を手で洗う習慣をつけているそうです。そこまでできなくとも、ブラシで乱暴にゴシゴシこすらず、優しく丁寧に洗っていつも清潔にしておきましょう。

また、**トイレは己に集中して「気」をまとめる場所ですから、本やスマホを持ち込まないこと**。メールをするなどもってのほかです。

洋式トイレの場合は、便座に腰かけた際の目線の先に、グリーンの観葉植物を置くのもおすすめ。温度調節や水やりに気を配るようになるので、トイレ全体への気配りが行き届くようになります。

さらに時計を置くのもよいでしょう。規則正しいリズムを刻む時計は、羊水の中の胎児が聞いているお母さんの心音に似ています。時計を置くことで心が落ち着き、トイレを安心して使うことができるようになります。

バスルームや洗面台は、体や髪、顔を洗って全身をキレイにする場所。**美と健康の運気**に関係するので、やはりピカピカの清潔感をキープすべきです。

キッチンは、料理で健康を作る場所であると同時に、**人間関係の運気**にも関係しています。水垢や生ゴミを溜めないように気をつけてください。

よい情報、役立つ情報をいち早くキャッチしたい人は、**窓ガラス**を重点的に掃除して、曇りのない状態にしておくとよいでしょう。

39

開運掃除② 玄関

玄関にたくさんの靴を出しっぱなしにしていませんか？

出し忘れたゴミを置きっぱなしにしていませんか？

玄関の床、ドアノブ、ドア全体を掃除していますか？

玄関は、その家の顔や口に当たる場所。散らかって汚れていると、悪いエネルギーが溜まってしまいます。しかし清潔にしていれば、毎日をスッキリ過ごせるだけでなく、ツキ運アップにも繋がるのです。

玄関掃除の基本は、

①床を掃いて雑巾で拭く

②ドアノブやドア全体も丁寧に拭く

③靴は靴箱に収納し、一足だけ出しておくこと

④濡れた傘やゴミは置かない

この4つは必ず守りましょう。

また、玄関に置いておくとツキを呼び込むものがいくつかあります。

⑤フルネームの表札

自分の名前を見ると、自分を大切にするようになって運気が上昇します。

ひとり暮らしで物騒なら、玄関の内側に表札を飾っておけばよいでしょう。

⑥鈴（土鈴がベスト）

出かける時に鈴を振れば、気持ちが引き締まって魔よけになります。

帰宅時に鳴らすと、背負ってきたイヤなエネルギーをはらうことができます。

⑦水と自然塩

コップ一杯の水が、気の汚れを洗い流してくれます。

塩は小皿に少量盛り、玄関(下)に置くと邪気祓いの効果を発揮してくれます。

水と塩は毎日取り替えてください。そうした心がけが、あなたの運気を上昇させるとともに、玄関からよい気を運び込んでくれるのです。

両性を生きていく

昭和の時代は、職場でも家庭でも男女の役割や区別がはっきりとなされていましたが、平成時代になってからは性別の溝が少しずつ埋まり始めました。

例えば「仕事で稼ぐのは男」「家事をするのは女性」という既成概念が薄れて「主夫」や「育メン」が誕生したり、同性愛や性同一性障害についても「ＬＧＢＴ」という言葉と理解が浸透しつつあります。

こうした傾向は、令和の時代ですっかり定番化すると私は読んでいます。

これから成功を収めていくのは、

「私は女だから」

「俺は男だから」

という生き方をしている人ではなく、自分の中に両方の「性」を有して「陰陽合一」のバランスが取れている人です。

スピリチュアルの観点から言えば、これからは魂の時代に突入します。

魂には、性別がありません。

女性は「陰」、男性は「陽」。太極図に見られる白黒の色＝陰陽がバランスよく合わさったものが魂です。

男性性は猪突猛進で、パワーを一か所に集めて出すことに長けています。

女性性は柔らかく、いろいろなものを生み出す力に長けています。

両方の特性を併せ持っていれば「魂力」が発揮されて、幸せや成功を思うままに引き寄せられるでしょう。

「私は女だけど、男性的なパワーを持っているの」

「俺は男だけど、女性的な優しさがあるぜ」

どちらも、とても魅力的だと思いませんか。

性別を超えて生きる時、真の魂力＝底力が覚醒するのです。

column 3

一日の終わりに
カンタン禊

日本の入浴習慣のルーツが「禊（みそぎ）」にあることをご存知でしょうか。

お風呂で体を洗うのは、汗や皮脂を洗い流すためだけではありません。

体のアチコチに溜まった怒り・不安・恐怖などのネガティブエネルギーや、他人からもらった負のエネルギーをすべて洗い流せる絶好のチャンスです。

あなた本来の体に戻って眠りにつくためにも、一日の終わりには必ず入浴しましょう。

身も心も清めるために最も大切なのは「不要なものをすべて洗い流す」という気持ちです。

「○○を見た時のイヤな気分、さようなら」とジャブジャブ。

「忘れたいあのひと言、洗い流します！！」とザッパー！！

不要なものがすべて、ありがたい水の力で排水溝に吸い込まれていきます。

入浴後は、できればホテルで使うような厚めの心地よいバスタオルに全身を包み、汗が引くまで目を閉じて、照明を落とした部屋でゆっくりと横になりましょう。深いリラックス感とともに、美しさも手に入れることができます。

第4章

Chapter……4

年齢を超越して美しく生きるための法則

あなたはどうなりたいのか？

好きなモデルさんの写真を飾り、その人のスタイルを目指してダイエットしたり、化粧品を変えたり、メイクを真似たり…世の女性には、そうした「美の刷り込み」が蔓延しているようです。

「ミランダ・カーみたいにしてください」なんて美容相談を持ちかけられることもありますが、私の答えは「それは無理！」の一択です。

例えば、自分に合ったメイクや洋服を徹底的に研究している渡辺直美さんのことを、私はとても美しいと思っています。

太っていようがヤセていようが、そこは関係ありません。

「こうあるべき」「理想のスタイルはこれ」といった指標は必要ありません。

なぜなら「美」は、その人がどうなりたいのかで異なるものであり、それはその人の「生き様」だからなのです。

美について相談されると、私は必ずこう聞きます。

「あなたはどうなりたいの？」

白髪が目立つ、お腹が出ている、シミやシワが気になる…でもそれほど目立っているわけでもないし「まあいいか」と思っているなら現状維持で大丈夫。

しかし「このままでいたくない」と言うのなら、努力が必要です。

あなたは、本当に美しくなりたいと思っていますか？

「美」は、「自分を変えよう」という決意と覚悟を持った人にのみ、訪れるもの。

人は、本当に「変わりたい」と思った時、ようやく本気になるもの。

そうであるならば、

「○○さんのようになりたい」

と思うのではなく、

「その人が美のためにどのような努力をしているのか」

その姿を見るべきなのです。

ありのままの自分を受け入れる

「美しくなりたい」

それは女性の切なる願い。

しかし肌、髪、スタイルとコンプレックスは山積みで、どこからどう手をつけてよいのかわからないからとりあえず放置…という人も少なくありません。

そんな時は、

「ありのまま、今の自分を受け入れる」

ということから始めてみてください。

ブスでも、デブでも、オバサンでも、とにかく一旦受け入れる。

鏡に映った自分を見つめて
「私は、今のままで大丈夫」

と、言い聞かせるのです。

そうすればおのずと、

「私はこれから、どうなりたいのだろう」

ということが見えてきて
「ちょっと頑張ってみようかな」

と思えるようになるでしょう。

「美」を追求するためには、そうしたモチベーションがとても大事です。

「ありのままの自分」を受け入れた時に、ようやくスタートラインに立つことができる—なぜなら自分自身を愛せない人は、必ず途中で挫折するからです。

今の私は、十分にステキ。

今よりキレイになった私は、もっとステキ。

そう思いながら、お肌や髪やボディのお手入れをしてあげてください。

「美容」は、私たちの味方。手をかければかけるだけ、必ず応えてくれます。

年齢を言いわけにしない

美をあきらめた人が必ず口にするのが、この言葉。

「もう歳だから」

言う度に、脳が勝手に「できない理由」をあれこれ検索し、あなたをサボらせ、老けさせていくという…本当に恐ろしい言葉です。

私は人から年齢を聞かれると、優しく微笑みながらこう答えています。

「私の年齢は、16歳でございます」

さすがに16歳には見えませんが、実年齢よりはうんと若見えしているはず。

「私は若い」と心底思っていると、脳がその設定年齢の頃の記憶から「アレも

できますよ、コレもできますよ」と探し出してくれるので、外見もそれに伴って若々しく変化していくのです。

実年齢を超越していつまでも若くありたいと思うなら、「もう歳だから」と言うのはやめましょう。

代わりに、自分がなりたい年齢を設定して公言してください。

自分の実年齢は思い出さず、正直に答えてはいけません。

確かに、加齢による衰えは否めませんが、人は心の持ちようでいくらでも若返ることができるのです。

サミュエル・ウルマンの『青春』という詩の冒頭にはこうあります。

「青春とは人生のある期間を言うのではなく、心の様相を言うのだ」

私の年齢設定は16歳ですから、そのワクワクが脳に伝わって「記憶の中の初々しい16歳の自分」と「現在の自分」のギャップを埋めようとして細胞が活性化し、美肌を作り、疲れ知らずではつらつとした体を作り、若い人たちとためらいなく話せるバイタリティを作ってくれています。

美の追求に年齢は関係ありません。だからあきらめないでください。

私たちに老後はない。**一生青春なのです**。

子宮に忠実に。自意識は過剰に。

自意識過剰な女性は同性から嫌われがちですが、世間一般にはモテています。

それはなぜかと言えば、子宮に忠実に生きているからです。

恋愛にも仕事にもお金にも、美容にも健康にも貪欲に突き進む。

子宮は口と通じているので、紡ぎ出す言葉も口にする食物もポジティブ志向。

時には恋に溺れたり、危険な罠と知りつつ身を委ねてみたり。ワクワクドキドキする体験がホルモンやフェロモンを放出し、魅力に変わっていくのです。

気づいていないかもしれませんが、**女性の子宮には神社と同じくらいのパワーと神聖さが宿っています**。つまり、子宮の声に耳を傾けて忠実に生きることで、自分がパワースポットになれるわけです。

自意識は、子宮に忠実になるための材料。過剰なくらいがよいのです。

それでも「どうせ私なんて…」と思っている人のために、私が日頃から実践している「自意識過剰レッスン」を伝授いたしましょう。

まずは、**部屋のいたるところに鏡を置いてください**。

ありのままの自分を受け入れられない、自分が嫌いという自意識低めの人ほど鏡を見ない傾向があります。そこを払拭するためにも、玄関、リビング、キッチン、寝室と**鏡を設置して、常に自分の姿を客観的に眺める**のです。すると表情や姿勢などの欠点に気づき、美しい所作の研究が始まります。

次に活用していただきたいのが、インスタグラムなどのＳＮＳです。

私は毎日何枚も、自分の顔写真や全身写真をアップしています。自分を客観視できると同時に、さまざまな反応のおかげで自分がどう見られているかも確認できますし、時にはおかしなコメントで人間関係の縮図も勉強できます。

「いいね！」の数が少なくたって構いません。自分のためにやるのです。

続けていれば、**内面からじわじわと自意識が高まって外見の美を作ってくれる**でしょう。玉の輿にだって乗れるかもしれませんよ。

自分の体に感謝する

車は、ガソリンを入れないと動きません。

ガソリンの代わりに灯油を入れたら、壊れてしまいます。

乱暴な運転を続けていれば、どこかにぶつけて傷をつけたり、最悪の場合は事故を起こしてしまいます。

これは、私たちの体もまったく同じ。

生体エネルギーというガソリンや、スムーズな血流や体液の流れがなければ体は動きません。

体によくないものばかりを食べていると病気になってしまいます。

体を酷使し過ぎれば怪我をしたり、最悪の場合は死に至ってしまいます。

つまり、**私たち人間にとって最大の資産は「体」**なのです。

そして体が健康でなければ、幸せも成功も手に入れることはできません。

病気とまではいかなくとも、例えば指先を切ってしまったり、肩や首が凝っていたりすると、何となく憂鬱な気分になるものです。

どこかにほんの少しの痛みがあるだけで動圧は下がり、楽しさも半減して、体からエネルギーが抜け落ちてしまうのです。

五体満足で当たりまえだと思ったら大間違い。

自分だけは病気にならないなんて慢心の極み。

大抵の人は、深刻な病気になってから健康のありがたみに気づきます。

私たちはもっと、自分の体を意識して積極的に関わらなければなりません。

その第一歩が、**自分の体に日々感謝をすること**です。

それだけで全身の細胞が喜び、活性化してくれます。

自分を愛するとは、そういうことです。

健康あってのエネルギー、健康あっての開運なのです。

ツルリンポンの食生活を心がける

健康と美を作る元は、何といっても「食べ物」です。

私は常に、**「皮脳同根（ひのうどうこん）」**ということをみなさんにお伝えしています。

これは、**皮膚と脳は繋がっている**という意味です。

そして**脳は、腸と繋がっています。**

腸は、食物を分解して免疫を強化してくれる大事な臓器。腸内に老廃物が溜まっていると、全身の血流が阻害されて免疫力も低下してしまいます。

便秘知らずの「ツルリンポン」で、毎日を快適に過ごせる食生活を心がけましょう。

しかし、一日に必要な栄養素をすべて食物から摂取するのは困難です。私の場合、不足分はサプリメントで供給していますが、中でもおすすめなのは10代の頃から愛飲している**「大麦若葉の青汁」**。ツルリンポンには欠かせません。毒素を排出して血流を促進するミネラルも大事な栄養素です。こちらは質のよい岩塩や海塩から摂取すれば健康を害することはありません。

よく水を飲むことも重要です。しかも塩分と一緒に摂取すればむくみ取りにも役立ちます。水は不純物を流して体内を浄化してくれます。ただし冷水よりも、体を温めてくれる白湯を一日1・5〜2リットル飲むのが理想的です。

避けるべき食物は、過度のアルコール・タバコ・砂糖・小麦粉。

特に砂糖と、小麦粉に含まれているグルテンやカゼインといった物質はネガティブ感情を促進し、キレやすくなることがわかっています。

けれど、みなさんスイーツが大好きですよね。私もチョコレートが大好物で、専用冷蔵庫もあるくらいです。一生口にしない、なんてことはできません。

そこで大事なのが「意識して食べる」こと。**食べたい物を食べたら、翌日の食事を見直して調整すればよいだけ**。我慢のし過ぎは体に毒です。

「食物」と「運」は一蓮托生（いちれんたくしょう）。常にそう思いながら食事をいたしましょう。

体は一年中温める

体が健康であるためにいちばん大事なのは、体を冷やさないことです。

個人差はありますが、健康な人の体温は36・5～37・1度。免疫力を最も活性化させてくれる温度です。

しかし最近は、平熱が36度以下という低体温の人が急増中。実はこれ、どんな病気を発症してもおかしくない極めて危険な状態です。

体温が1度下がると免疫力は30%も低くなります。するとウイルスを阻害できなくなったり、免疫が誤作動を起こして自分の体を攻撃し始めるのです。さらに細胞の新陳代謝も悪くなるため、体内で毎日生まれているガン細胞を排出できなくなってしまいます。また腸内環境も悪くするため、大敵である便秘になってしまうのも必至です。

体だけでなく、精神にも影響を及ぼすのが低体温の怖いところ。血液の循環が悪くなって各臓器が栄養不足になると、脳内神経伝達物質のセロトニンの生産が滞ってしまうのです。セロトニンは精神の安定を図る「幸せホルモン」。不足すれば精神不安定となり、うつ症状やネガティブスパイラルを引き起こしてしまいます。

これでは「最幸言葉」も「笑顔」も効力を発揮できず、よいエネルギーがザルのように抜け出てしまいます。

特に女性は、子宮が冷えると老化が進んだり、太りやすくなるだけでなく、自分の中のお宮＝神社が廃れてしまうので要注意です。

一年中、冷え知らずの体を作るには、常に**体が温まる食物**の摂取を心がけて体質改善を図ることが先決。野菜なら**根菜**、**生姜**、**ネギ**、**ニンニク**。果物は**リンゴ**、**ぶどう**、**みかん**、**桃**。**豆類**、**乳製品**、**卵**も必須食品です。末端冷え性改善にはミネラル豊富な**自然塩**が有効です。もちろん軽い運動や入浴も忘れずに。

体の冷えは万病の元。そして不運の元でもあるのです。

体の声はあなたの心の声

今のあなたの状態や、やらなければならないことに比例して不調が現れる。

体は、そのようなメカニズムを有しています。

例えば、**腸の不調**で便秘や下痢をしている場合は、何かに腹を立てていたり、**怒り**を溜め込んでいる可能性大。また**金銭面でうまくいっていない時**や、お金の使い方などが間違っている時にも不調が出やすい箇所です。腸は衣食住のうちの「食べ物」に関係しているので、お金とも縁が深いのです。

月経不順などの**子宮の不調**は、口に関係しています。**ネガティブな言葉**を使い過ぎていたり、ジャンクフードを食べ過ぎたりしていませんか？

体が冷える、子宮筋腫や子宮頸がんなどの疑いがある人は、**自分を偽って**生きているのかもしれません。子宮に忠実に生きることを心がけてください。

腰の痛みは、**溜めこんだ怒りとストレス**。

肩こり首こりは、**仕事や人間関係の疲れ**。

偏頭痛は、**目上の人に関する悩み**。

喉の不調は、**ストレス**。特に声が出にくい時は「言いたいのに言えない」という不満が溜まっている証拠。また、直観力の低下にも関係しています。

手足の痛み、こわばり、冷えは、状況がつかめぬままあらゆる物事がうまくいっていない時に起こりがち。**我慢**を強いられてたり、**神経過敏**になり過ぎている状態です。

ちょっとした不調にも、深刻な病にも、必ず原因があります。

それが何にせよ、体の声は「間違っていますよ」と教えてくれています。

私たちの体はとても頑張り屋さんで、心臓や内臓は24時間不眠不休で働いてくれています。けれどそれにも限界があって、その限界が不調や病気として現れてくるのです。

そんな時は**体の声に耳を傾け、体が喜ぶことをしてあげましょう**。

開運メイクと不運メイク

幸せで、お金持ちで、健康な人は、総じて顔に艶（つや）があるものです。

開運を望むのであれば、**ワントーン明るめのファンデーションを選び、ハイライトで顔全体にキラめきをプラスしましょう**。欠点を隠すのではなく「第二の素肌」を作るつもりで、清潔感のある肌に仕上げます。肌に艶を出すことは、デカ目を作るよりもずっと大事なことなのです。唇もティントやグロスで艶を出し、ふっくら見せると効果的です。

顔に艶を出すのは、愛と光をまとうのと同じこと。とにかくモテて、金運も引き上がるのですから、よいこと尽くしです。

逆に不運を呼び寄せてしまうのは、マット系のメイク。貧乏神がやってきて、すべての運気を吸い取ってしまいます。乾燥肌の人は、メイク前に乳液や下地をたっぷりつけてカサカサを撃退してしまいましょう。

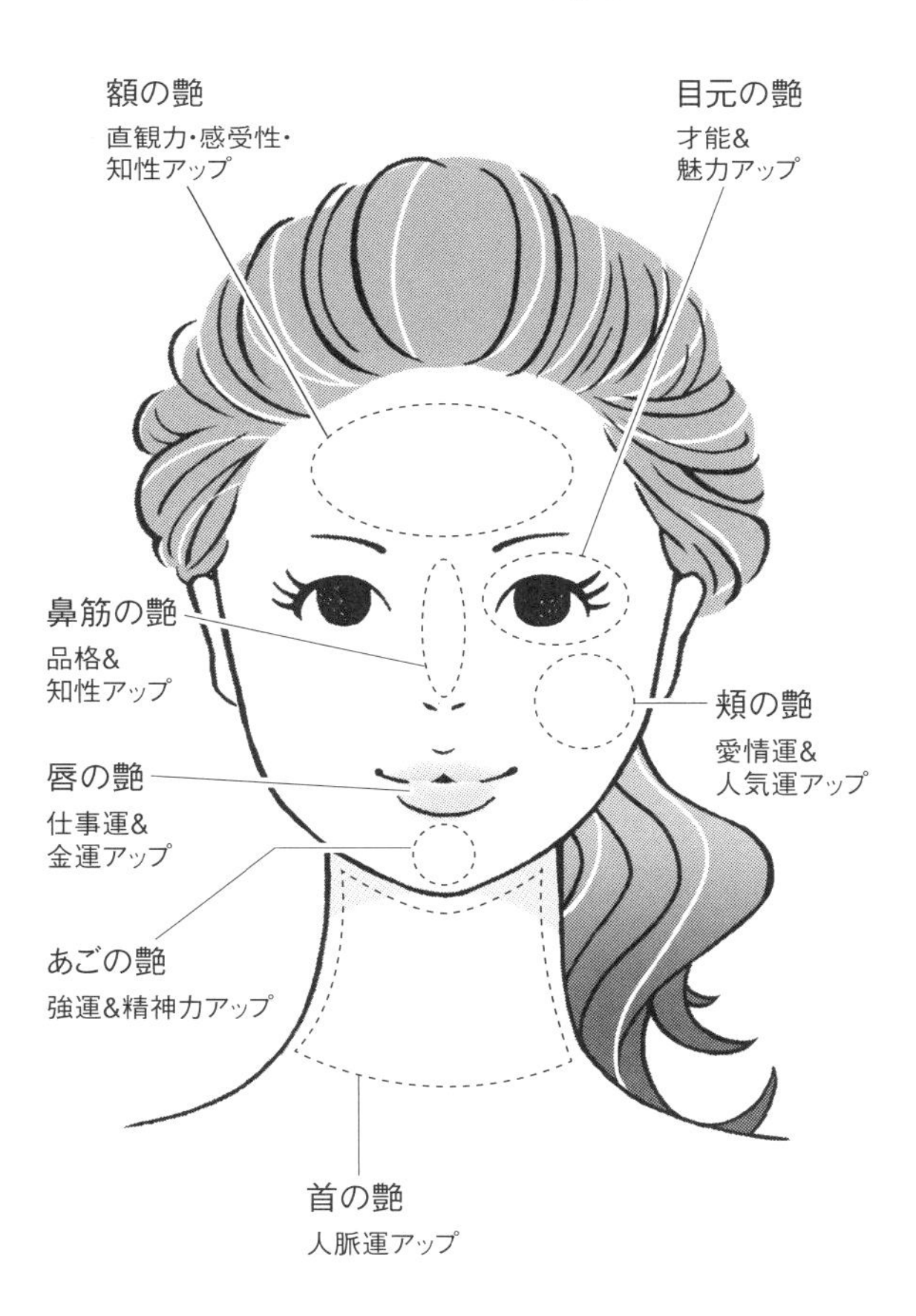

「髪」の艶は「神」のご加護

肌に艶とハリのある人は、東洋医学で言うところの「気・血・水」の巡りがよく健康です。顔の皮膚と頭皮は一枚皮で繋がっていますから、髪にも同じことが言えるのです。

これをスピリチュアル的に表現するならば、

「髪に艶のある人は、神のご加護に恵まれている人」

ということになります。

ですから**肌と同じく、髪にもどんどん艶を出してください。**

頭皮は、肌の5~6倍乾燥しやすいので洗い過ぎは厳禁です。**基本は2日に**

一度の夜シャン。就寝前の洗髪は、髪の自己修復を助けてくれます。頭皮に優しい**アミノ酸系のシャンプー**を選ぶこと、乾燥予防のために**頭皮専用の化粧水**をつけること、**毎日のブラッシング**が髪に潤いと艶を与えてくれます。

「髪＝神」。傷みや軋(きし)みは運気ダウンに繋がりますが、艶を失っている場合はスプレーやヘアアイロンを活用するのも一案です。

さらに金運や恋愛運をアップさせたい場合は、ヘアカラーを明るめの色にするのがおすすめですが、自分の気分が上がって艶を演出できるのであれば、色にこだわる必要はありません。

髪の色は、言うなれば財布の色と同じです。

風水では「金運アップならイエロー」「赤色は運気ダウン」などと言われていますが、実はあまり関係ありません。大事なのは「好きかどうか」であって、**その色で自分のテンションが上がったり、うっとりできるのであれば、運気は自然と上がっていく**のです。

ですからヘアカラーも、仕事に支障がないのならグリーンでもピンクでも、お気に入りの色に染め上げて、うっとり眺めてください。

ただし、艶がなくなるほど染めるのはダメですよ。

「ひとり会話」のススメ

「今日は一日すべて計画通りに進んだ。グッジョブ私！」

なんていう日は、そうそうありません。

順調ではあったけれどなぜか気分が乗らない。

とってもイヤなことがあって落ち込んでいる。

そんな日は、誰かに愚痴を聞かせるよりも、ぜひ**「ひとり会話」**を楽しんでいただきたいものです。

私は仕事がうまくいった日も、そうでない日も、常に一人二役や三役を演じて自分と会話をしています。

例えばこんな感じです。

「あーもう、仕事が山積み〜！　やりたくな〜い」

「じゃあやらなければいいんじゃない？」

「ん〜、でもやらないと明日が困る…」

「そしたら気分転換に何か食べに行く？　でも夜中だから何か食べると太るよ」

「だよね…」

これぞまさに「自問自答」。延々と続けているとそのうちにアホらしくなって、悩みも吹き飛んでしまいます。

どんなことも、ひとりで口に出してみればよいのです。

天使と悪魔のキャラ設定をして、自分と対話してみてください。

すると「私はどうしたいのだろう」ということが見えてきます。

それがグッジョブな自分ならほめてあげる。ダメな自分なら慈しんであげる。

誰にも迷惑をかけずに問題を解決できる上に、ありのままの自分を認めて受け入れ、愛することができるようになります。

ひとりの時間を楽しむことができて、本当に面白いですよ。

52

ストレスは「うっとり時間」で癒す

情報過多の現代社会に、ストレスはあって当たりまえ。

美と健康のために大事なのは、いかに減らしていくかということです。

心の中が「六戒言葉」（不平不満愚痴、泣きごと言いわけ悪口文句）でいっぱいになってしまわぬように、**一日最低1回は「うっとり時間」を持ちましょう。**

エステに行く、美容院に行く、スパに行く。

友だちと語らう、カラオケで歌う、飲みに行く。

洋服を買う、アクセサリーを買う、旅行する。

好きな本を読む、映画を観る、ドラマを観る。

あなたがうっとりするなら何でもよし。手っ取り早くて楽しくて最幸です。

仕事や子育てに追われる日々の中で、自分に対してどれくらい時間をかけられるか、楽しみをどれだけ持っているかで美しさにも差が出てきます。

出かける時間もお金もないと言うのならば、「妄想」はどうでしょう。

私は、誰にも負けないくらいの「妄想族」です。これは人間が天から与えられたひとつの才能。モデルになったら…スターになったら…あの人と恋に落ちたら…と、自分勝手にいくらでも夢を広げられるのがよいところです。

「プチ贅沢」も、なかなか効き目があります。

入浴剤やアロマでバスタイムを楽しむ、美味しいハーブティーを飲む、ちょっとお高めのパックをする…「プチ」なら、いろいろなことができますよね。

それだけで副交感神経が優位になって、ストレスがかなり軽減されます。

自分の肌や髪を愛おしむようにケアをすれば、やがてあなたはあなた自身と恋に落ち、自分を大切にするようになるでしょう。

それこそが、究極の「うっとり時間」なのです。

53

美は執念から生まれる

疲れたから。面倒だから。余裕ないから。

何かと理由をつけて、スキンケアやヘアケアを後回しにしている人に対して、私はいつもこう言い放ちます。

「ブサイクに未来はありません」

私の言うブサイクとは表面的なことではなく、自分に対する努力を怠る人のこと。また、そんな自分を言いわけで誤魔化(ごまか)す人のことです。

年齢を重ねていくと肌のたるみ、シミ、シワ、白髪など、気になることが増し増しになっていきます。

しかし、それはあくまでも「仮の姿」だと思ってください。
本当のあなたは、白雪姫やシンデレラ、ラプンツェルのようなお姫様。
手をかければかけるほど、本来の姿に戻っていくのです。
美容とは「造る」ものではありません。
「本来の自分」に戻るためのお手入れです。
美容は、絶対に裏切りません。
味方につけておいて損はありません。
あきらめなければ、必ず結果をもたらしてくれます。
今の自分を受け入れ、どうなりたいのかを考えてから
「私は絶対に美しくなる！」
鏡の前で、そう決意表明してください。
自意識を過剰なくらいに高めること。
美意識をピカピカに磨くこと。
そして歯磨きをするように、**毎日コツコツとケアを重ねていくこと**。
美は、そんな執念から生まれるのです。

column **4**

ツゲの櫛で
魅力を上げる

昔は一家にひとつ、必ずツゲの櫛（くし）があったものです。

髪は女の命と言われるように、その髪を手入れするツゲの櫛が、大切にされてきました。

どんなに家計が苦しくなっても、昔の女性たちがツゲの櫛を手放さなかったのは、ツゲの櫛は運気を上げるための、頼もしいアイテムだったから。


「ツゲ」を逆に発音すると「ゲツ」になります。「ゲツ」＝「月」。それでツキを呼び込むというわけです。シャレのようですが、言葉には言霊のエネルギーが入っています。「オン (音)」に耳を傾けることも大切なのです。

私たちは困ったことがあると、頭を掻いたり、抱えたり、叩いたり、何かと頭をいじって、打開策を出そうとしますが、ツゲの櫛で髪を梳かしてみるのも効果的です。


手のひらに収まるサイズのツゲの櫛を、玄関か寝室に置いておくか、持ち歩きましょう。櫛は使ってこそ生きてくるものなので、手に馴染み、髪に馴染むように毎日使い続けることが肝心です。

第5章
Chapter……5

最高の恋と極上の結婚を手に入れる法則

見た目の美しさが良縁を呼ぶ

女性の社会進出がめざましい時代。若い人はもちろん40代50代、さらには70代80代になっても働き続ける女性の姿は本当に素晴らしいと思います。

少し前に『人は見た目が9割』という本が大ヒットしましたが、私に言わせれば、今や「見た目はマナー」の時代です。

いつもノーメイクで洋服にも無頓着、シミやシワができても気にしない…というのは、自然体で楽な生き方かもしれません。

しかし、鏡に映る自分の姿を見る度にがっかりするだけならまだしも、ひょっとすると周囲の人にも不快感を与えているかもしれません。

「そんなことない、中身が大切よ」

と言う人がいます。

もちろんそれも大切なことですが、例えば仕事ができるとか、性格がよいということは、ある程度の時間が経過しなければ伝わりません。

特に社会では、第一印象の「見た目」で判断されることが多いもの。

中身が大切と言うならば、外見も大切にするべきではないでしょうか。

「社会で働く」ということは、「人生の現役」であるということ。

どうせなら、**肌も髪も艶めくようなメイク**を心がけてはいかがでしょう。

そのほうがきっと、**気持ちがいつもウキウキワクワク**するはずです。

そして**その高揚感が、さらなる「美」と「若さ」だけでなく「良縁」までもたらしてくれる**のです。

どんなシーンでも「美」を追求できるのが女性の特権。

そんな人に、男性は惹かれるものです。

キラキラメイクをして、頬と口角を上げて微笑を浮かべ、ピンと背筋を伸ばしてお仕事に励んでください。

モテるための四原則

フェロモンをバリバリに出してモテモテの女性には、共通点があります。

これまでお話ししたこと―笑顔を絶やさない、子宮に忠実になる、肌と髪に艶を出す…なども そうですが、もうひとつ大事なことがあるのです。

それは、**「会話」のテクニック**。

これは相手の気を引くだけでなく、例えばあなたが淡い恋心を抱いている男性が自分に興味を持っているかどうか、また価値観が合うかどうかということも確かめられる、とっておきの策です。

ポイントは4点。

①相手に興味を示してほめる

会話の途中に「うなずき」「あいづち」を入れながら、相手の話をよく聞く。その合間に、相手の長所をきちんと把握してほめる。

②目と目をしっかり合わせる

羞恥心を封印して相手となるべく目を合わせる。時々無言でじっと見つめたり、できればウインクや目くばせするのも効果的。

③近くに座る

距離を置くと関係性が遠くなるので隣に座る。ただし対面で座るとバトル体勢になってしまうので要注意。

④さりげなくボディタッチする

会話中に、どこでもよいからタッチする。あいづち代わりに肩や太もも、背中あたりを軽くポンと叩く。

これだけ徹底すれば、相手はあなたに好感を持つこと間違いなし!

お互いによいエネルギーの交換ができるので、場が楽しくなるのです。

これで迷惑そうな様子なら脈なし決定。さっさと次の人を探しましょう。

出会う人すべてが「運命の相手」

「竜庵先生、運命の相手っているのでしょうか？」

そんな質問に対して、私はきっぱりとこう答えます。

「そんな相手はいません」

正確には**出会った人、お付き合いする人は誰もが、あなたにとっての「運命の相手」**です。

袖振り合うも他生の縁。すべては神計らいなのです。

恋愛運がない、恋人ができない、結婚ができないとぶつくさ文句を言っている人のほとんどが、会社と自宅の往復しかしていません。**誰かに恋をして、運**

命を感じたいのであれば、出会いのある場所に行けばよいだけ。特に合コン、結婚相談所、料理教室には恋と結婚の波動が漂っています。

中には、交際中の相手に不平不満を募らせて「運命の相手ではなかったのだ」と決めつける人もいますが、ひとつでも好きなところがあるなら、

「顔だけはイケメンだから、だらしないのは目をつぶろう」

「ファッションはダサいけど、優しいから許そう」

こうした妥協も時には必要です。

「これが最後の恋だから我慢して付き合おう」

これは妥協ではありません。そんなにイヤならすっぱり別れればよいのです。

古い物を手放したら、必ず新しい物がやってきます。

しかし、ただ待っているだけでは誰もやってきません。

白馬に乗った王子様がいつかやってくるなんて、絶対にありません。

草食系男子時代にそんなことを期待すること自体がナンセンス。

あなたがハンターになって、狩猟に出かけてください。

そうすればいくらでも「運命の相手」と出会い、恋に落ちることができるでしょう。

指輪で恋愛運と結婚運を上げる

ファッションに輝きと華やかさをプラスしてくれるアクセサリーは、女性の強い味方であり、憧れです。

中でも「指輪」は、卑弥呼の時代から運気を呼び込むアイテムとして信じられていました。

交際がうまくいっていない人、今の恋を結婚に繋げたい人、恋愛運や結婚運自体をアップさせたい人は、おまじないの意味も込めて指輪を活用してみるとよいでしょう。

指輪は、左右に関わらず「はめる指」によって得られる運気が異なります。

きちんと意味を理解して、指先からツキを呼び込んでください。

「親指」は、**仕事上で新たな縁を結びたい時**に効力を発揮してくれます。

「人差し指」には、**あらゆる縁を活性化する**力あり。

「中指」は、**自力で何かに取り組む時**の助けになります。

「薬指」は、**結婚する相手の引き寄せ、今の恋を結婚に発展させる**力あり。

「小指」は、**孤独を楽しみたい、何かに集中したい時**に力を貸してくれます。

また、指輪のデザインにもさまざまな意味があります。

リングの一部が開いているものは、途切れている場所から縁のエネルギーが逃げてしまうので、恋愛や結婚には不向きです。例えば恋人に指輪を買ってもらう時、結婚指輪を選ぶ時は絶対に避けましょう。

現在の恋人との関係性を結婚に繋げたいなら、三つの輪が絡まるトリニティリングがおすすめです。「自分・相手・先祖の三者によい関係ができます」という意味が込められているので、お互いの先祖の応援も加わってスムーズに話が進んでいくかもしれません。自分で購入してデートにはめていくのもよいですが、誕生日やクリスマスのプレゼントにリクエストするとなおよいでしょう。

相手の人間性を一発で見抜く方法

「私、男を見る目がないんです」

「ダメンズばかり好きになるんです」

そんな話を聞く度に、何を持ってダメだと決めつけているのだろうかと疑問に感じてしまいます。

恋に、いいも悪いもない。それが私の持論です。

罪のない人を傷つける恋は推奨できませんが、例えば貢ぐ恋ならそれだけ相手が魅力的で、自分も貢げるほど稼いでいるのでしょうし、複数の人と交際していてもそれぞれがハッピーなら問題ないと思います。

恋愛は人間関係を学ぶ最幸の機会。交際期間が長かろうと短かろうと、幸せだろうと傷つこうとすべてが勉強で、その経験があなたを豊かにしてくれます。

しかし、感性や価値観の相違というものは確かにあるわけで、会話中に見抜くことができればその後の関係性にも役立ちますよね。そこで、相手の人間性が一発でわかるコツをお教えしましょう。

まず**体型が細く、髪の毛もやせてパサついている人は総じて神経質**。言いたい放題言うわりには不安が多く、調子のよい時は活動的になる頭脳派でクリエイティブなタイプです。

中肉中背の人は意見がはっきりしていて、理に叶わぬことは跳ねのけます。ふくよかな人は意志の疎通が遅いものの、話すほどに人柄のよさがにじみ出てきます。また**筋肉質であれば、かなり愛欲が強いタイプ**でしょう。

用心したいのは裏表のある人。例えば何か質問した時に「……」となる時間が長くなりがちなのがこのタイプです。この間に考えていることと言えば、自分の得になることだけという薄情な面があります。逆に、とにかく何でもいいからすぐに答えを返そうとしてくれる人のほうが、単細胞でも誠実な人柄だと言えるでしょう。少しは参考になりましたか？

59

何歳でもトキめく恋はできる

先日、パリ在住の知人と会う機会がありました。

ミニスカートがよく似合い、肌も髪も艶々で本当に可愛らしい彼女は70代。紹介してくれたボーイフレンドは40代。ふたりともキラキラと輝いていて、とてもお似合いでした。

歳を重ねても魅力的な人は「見た目の美しさはマナーである」ことをわきまえているので、日々きめ細やかなお手入れをしています。すると年齢など軽々と超越してたくさんの男性が寄ってきます。彼女は30歳年下の男性を選び、その人と付き合うことでますます自分を磨き、さらに美しさを極めているように見えました。

「いい歳をして恋愛なんてイヤらしい」

と、揶揄（やゆ）する人がいます。しかしそれはヤッカミにしか聞こえません。

50代になっても60代になっても、男性を惹きつける魅力があるわけですから、

私なら最幸のほめ言葉と捉えて「ありがとう」と返します。

「この歳になると恋愛なんて面倒なだけよ」

これもよく聞く言葉ですが、年齢を言いわけにしないでと叱責します。

恋にもご縁にも、年齢制限などないのです。

年の差恋愛も年の差婚も、熟年恋愛も熟年婚も自由。

誰かとの恋を妄想するのも自由。

恋というトキめきは、改めて自分を見つめ直し、美容や食事や運動といったメンテナンスを促し、うっとり時間を与えてくれるステキな魔法です。

人は、必ず誰かに愛されています。

誰もいないと思っても、天の神様が愛してくださっています。

愛されている人はもれなく、愛する資格があるのです。

ファッションは遊び心で

私はブランドの特注品も、プチプラも、ファストファッションも、800円のシャツも大好きで、組み合わせて楽しんでいます。

選ぶ基準は「好き」「着たい」。それだけです。他人の目は気にしません。若い人しか身に着けてはいけない洋服など、本来はありません。

大切なのは**「遊び心」。小綺麗に、キラキラと、そして自分の気持ちがうっとりするような洋服を選んでほしい**ものです。

ちなみに私のファッションはキラキラし過ぎているせいか、よく「大阪のオバチャンか！」と突っ込まれたりしますが、にっこりして「そうです～」と答えます。自分が気に入っていればよいのですから、ウィットで吹き飛ばしてしまえばよいのです。

しかし、行く先々の全員があなたの好きなファッションを気に入ってくれるとは限りません。個性は人それぞれ違うので自由に遊べばよいのですが、例えば居酒屋にパーティドレスは似合いません。人として当たりまえの常識とTPOは最低限必要です。少し奇抜だけれど楽しんでみたいというファッションなら休日に、誰とも会わないような場所で着てみるのも、自分で自分の機嫌を取るひとつの方法なのでよいと思います。

もうひとつ私が心がけているのは、いつもきちんとした服装でいることです。仕事の時はもちろんですが、帰宅したら自宅用のキラキラ服に着替え、近所のコンビニに行く時にもお気に入りのステキな服で出かけます。

出会いは、いつどこであるのかわかりません。近所のコンビニならTシャツとジャージでいいか…という考えはよろしくありません。

「いつもキレイでいよう」と思う気持ちが大事。

そうした積み重ねが、恋愛運や結婚運を引き寄せるのです。

欲しい物が買える女になる

これが欲しい。あれが欲しい。欲にはキリがありません。

私は「欲しい」と思ったものは即決で全部買うようにしています。

日頃からジャンジャンジャンバリバリバリ景気よく働いているので、欲しい物は何でも買うことができるのです。逆に言えば、欲しい物を自由に買いたいからジャンジャンバリバリ働いているわけで、お金を残そうとは思っていません。

あなたは欲しい物を、自由に買っていますか？

みなさんはよく「お金が欲しい」と言うけれど、欲しい物を自由に買える自分になりたいと思っているのではないでしょうか。

私に言わせれば、そもそも欲しい物を買えないというのはおかしなことなのです。**欲しくなるのは、その物に呼ばれているからであり、今のあなたに必要だから**。ならば**手に入れるためにどうすればよいのか考えてみてください**。すると、**今の生活や仕事に新たな展開が生まれるはず**です。

専業主婦ならヘソクリをすればいい。売れる物を売って等価交換してもいい。それでも間に合わないのであれば働きに出ればいい。

買えないことに言いわけをして他人を妬み、指をくわえて眺めているなら、工夫をすればよいだけのこと。だからと言って、闇金で借金してはいけません。自分にできることを、できる範囲でやることが肝心です。

お金は、死んだら天国にも地獄にも持っていけません。だからこそ、生きているうちに憧れのブランドを身にまとったり、お気に入りの物に囲まれた生活をしたり、海外旅行をしたりするべきで、それは言わば**感動を買っている**ことになるわけです。それにお金は、使えば使うほど社会貢献になるのです。

欲しい物を買える女になりましょう。そして美に磨きをかけましょう。

そのためにはジメジメ働くのではなく、ジャンジャンバリバリ明るく働くこと。そのエネルギーが、恋愛運も結婚運も引き寄せてくれます。

ふたりの関係をスッキリさせるおまじない

人間関係は、うまくいくことばかりではありません。

深く繋がっている恋人同士ならなおさらです。

ささいなケンカを放っておくと、別れのきっかけになることもあります。

「ごめんなさい」と伝えれば解決するのに、なかなか言えない…

どちらが悪いというわけではないのに、何となく気まずくなってしまった…

ケンカや気まずさというのは、表面的な出来事に見えて意外と根が深く、まったく別のところに火種があることもしばしばです。

そうした「本当の原因」を浮き彫りにして、清めてくれるおまじないをお教えしましょう。よく効きます。

【ふたりの関係をスッキリさせる方法】

①台所の流しにお皿を用意して、その上に塩をまんべんなく敷き詰める
②気持ちを集中させて、半紙に相手の名前をフルネームで書く
③お皿の上で半紙を完全に燃やす
④火が消えたら塩と灰をよく混ぜて台所の流しから流す

清めの場に働くエネルギーに、尊敬の念を持つ感覚で行ってください。


塩と灰を流す際は排水溝が詰まらないように、ゆっくりと。ただし、どんなことがあってもトイレから流してはいけません。これは〈約束〉です。

おまじないが終了するとあなたの思考はスッキリクリアになって、関係がどこから来るか、その原因を知らせてくれるチャンスが訪れるはずです。

好きな人、嫌いな人、友だちになりたい人、苦手な人。日々の暮らしの中で、私たちはさまざまな人に出会います。しかしその中には自分自身も存在していて、同じように見られている人間のひとりなのだということを忘れずに。

恋人だけでなく、友人、同僚、上司、部下などと、気まずくなった時にも有効的です。

63

元カレの写真とメールはスッパリ処分

「物に罪はないから」と理由をつけて、元カレからもらったアクセサリーやバッグを使い続けている女性をよく見かけますが、その品物がお気に入りでまったく割り切って使えるのであれば個人の自由におまかせします。しかし見る度にチラッと思い出がよぎるようなら、次の出会いを妨げるエネルギーに変換されてしまうので、売るなりあげるなりして処分するべきです。

中でもいちばん厄介なのは、相手と自分の「念」が注入されている写真とメールです。最近はすべてデジタル化されているので、サクッと削除ボタンを押せば終了ですが、双方のエネルギーを浄化してから行ったほうが、さまざまな思い出や思いに捉われることなく、次の一歩を踏み出せます。

【デジタル写真とメールをスッキリ消去する方法】

携帯電話やパソコンの画面に消去したい写真・メールを映し出します。

その機器を両手で包み込んで（パソコンの場合はディスプレイ画面に両手を当てて）「ごめんなさい」と念じ、削除ボタンを押します。

プリント写真や手紙の場合は、以下の手順で処分しましょう。

【プリント写真と手紙の処分法】

①台所の流しにお皿を用意して、円盤状に塩を盛る

②線香の火で写真や手紙に火をつけて、塩の上で燃やす

③灰になったら塩とよく混ぜ合わせて水道水で流す

なかなか燃え尽きてくれない、手紙が分厚くて燃やせないという場合は、細かくちぎって塩と混ぜ合わせ、半紙などに包んで捨ててください。

別れても、まだ相手のことが好き。

別れても、思い出す度に悲しくなる、腹が立つ。

どちらもまだ、気持ちが残っている証拠です。

負の連鎖を断ち切るためにも、写真とメールは処分するべきなのです。

64

正しい縁切りの儀式

気持ちの整理がつき、思い出の品を処分したら、新しい恋人ができてラブラブな毎日を送っている…ところへ元カレからの連絡！

何だか少し、イラッとしますよね。

一般的に女性は割り切りが早く、「この恋は終わったから次！」と思えるのですが、男性はそういうわけにはいかないようです。フッてもフラれても、相手に恋人ができても結婚しても、「心の中ではまだオレのことを好きなはず」なんて淡い期待を抱き続け、時々心の中の引き出しを開けては思い出に浸ったりしてしまうのです。

ですから別れた後に連絡が来ても、相手にしないのがいちばん。それでも気になるようなら、縁切りの儀式を行って関係を断ち切りましょう。

こちらは人間関係の清め方の応用になりますが、**「縁を切る」という強い決意のもとに行ってください**。気持ちに迷いがあると、そのあいまいなエネルギーがあなたに跳ね返ってきます。

【縁切りの儀式】

①台所の流しにお皿を用意して、その上に塩をまんべんなく敷き詰める
②気持ちを集中して、半紙に相手の名前をフルネームで書く
③お皿の上で半紙を完全に燃やす
④火が消えたら、塩と灰をよく混ぜて半紙にくるみ、川または海へ持っていき、深夜0時に流す。この時、少量の日本酒と一緒に流すとさらに効果的

ただし車が通ったり、誰かに見られると無効になるのでご注意を。

手間と時間のかかる儀式ではありますが、本当に縁を切りたいと願っているのであれば、覚悟を持ってやってみましょう。

相手とヨリを戻したいなら

「別れた人を、どうしても忘れられないんです」

こんな相談をしてくる人のほとんどは、自分に原因があるのだと思い込み、自身を責め、卑下するというネガティブスパイラルにハマっています。

相手の気持ちがもうあなたにない場合、それはあなたの問題ではなく相手の問題です。たまたま何かがあって断られたり、フラれたりしただけであって、あなた自身を否定されたわけではないのです。

「だから潔く、あばよ!と言いなさい」

そうアドバイスするのですが、聞き入れない人も少なくありません。

そんな時にこっそり教えてさしあげるのが、相手とヨリを戻すおまじない。
あまり推奨はできませんが、どうしても納得がいかないのであればやってみるのもよいでしょう。

【別れた人とヨリを戻す方法】

①紐（ひも）を2本または3本用意する

自分と相手が好きな色の紐をそれぞれ1本ずつ選びます。

ふたりの仲を邪魔している人（浮気相手など）がいる場合は、直感で色を選ぶか、わからなければ白い紐を用意して計3本にします。

②紐をよる

「○○さんとヨリが戻ります」と念じながら、2本の紐をよっていきます。

3本の場合は三つ編みにしてください。邪魔をしている人を取り込むことで、彼との障害が除かれます。

紐を「よる」＝「ヨリ」が戻るという言霊のエネルギーを使ったおまじないで、なかなか効果があるようです。

しかし、ヨリを戻してもうまくいかないことのほうが多いよう。

「覆水盆に返らず」です。

結局人間はひとり

恋愛も結婚も、蜜月は大体2~3年。あとは徐々に気持ちが落ち着いたり、醒(さ)めていったりするのは仕方のないことです。

しかし、そこで淋しさや孤独感を持つ必要はまったくありません。

なぜなら**人間は、恋愛していても結婚していても結局「ひとり」**だからです。

恋愛や結婚は、相手に依存することではありません。

WIN-WINの関係であるべきです。

「人生のパートナーとして、一緒にいたら楽かな」

「何かあった時には面倒をみあえるかな」

くらいの気持ちでいれば、ふたりの関係性にあらゆる可能性が生まれます。

冒頭でお話しした光の玉は、私にこんなことも教えてくれました。

「これから人間の平均寿命は130歳になるよ。肉体は50歳を過ぎると20歳に若返るので、男性は100歳、女性は80歳までバリバリ働けるよ」

ですから、独身でも、恋人がいなくても、これからどんどん恋愛も結婚もできるので安心してください。自分がしたいと思ったらいくらでもできます。

ただし、**「人間はひとり」ということを常に念頭に置き、ひとりでも生きていけるスタンスは持っていないといけません**。

そうすれば「この人と別れたら孤独になる」「もう次はない」などと思わずにすみますし、腐れ縁も別れた後の執着心も持たずにすむでしょう。

あなたという人間は、ひとりしかいません。

自分を卑下して可能性を潰さないでください。いつまでもネガティブな場所にいると、同じループが続いてしまいます。

変えなくちゃ。断捨離しなくちゃ。新しい自分でいなくちゃ。

結局人間はひとりですから、ひとりでも生きていけるのです。

column 5

月と鏡で
恋心を呼び覚ます

何だか恋愛モードにスイッチングできない。
そんな時は「月」と「鏡」の力を借りましょう。

昔から「女は鏡を曇らせてはいけない」と言われています。
曇った鏡はツキを落とす元。
あらかじめピカピカに磨き上げておいてください。
このおまじないに使うのは丸鏡です。

①満月の夜、磨いた丸鏡を窓辺に置く
②月が出たら、鏡に月が映るように角度を調整する
③鏡の後ろに、好きな人の写真や名前を書いて置く。現実的に好きな人がいない場合は、好きな芸能人などの写真でもＯＫ
④軽く合掌して、自分の名前と相手の名前を唱える

月の光で恋愛運とロマンチスト指数がググンと高まります。
ダマされたと思って試してみてください。
きっと、何かいいことが起こりますよ。

第6章

Chapter......6

あらゆる邪気を祓って光の道を歩む法則

朝日のエネルギーを取り込む

東の空から昇り来る朝日は最もエネルギーが高く、一日の恵みを与えてくださいます。そして太陽は、伊勢神宮にましますす天照大神の象徴ですから、神のご加護もいただくことができるのです。

そんな**朝日の光をいっぱいに浴びた塩を使って「気」を呼び込みましょう。**

少し早起きをして、**朝日の当たる場所に小皿に盛った塩を10～15分ほど置いておきます。**次に、その塩を持って浴室へ。**塩をお湯に混ぜ、シャワーとともにかけ流すと太陽のエネルギーを取り込むことができます。**さらに右後ろの首筋から、シャワーヘッドで優しく流していくと、前日に受けた邪気が抜けてスッキリとした気分に。出勤前や外出前の習慣にすれば、その日一日をパワフルに過ごせると同時に、悪いエネルギーを跳ね返すバリア効果もプラスされて安心安全です。

太陽の塩は夜の入浴タイムにも使えます。

浴槽に、太陽の塩ひとつまみと日本酒100㎖を入れ、首までしっかり浸かれば疲労回復、強力過ぎて跳ね返せなかった邪気も排出してくれます。

好きな香りのアロマオイルを10滴ほど入れるのも、リラックス効果が促進されるのでおすすめです。

また、タイミングが悪い、ツイていないという時は「足の裏」が汚れている可能性があります。足の裏は、エネルギーの出入りが活発な部位。石鹸やボディシャンプーで足指の間まで丁寧に洗った後、太陽の塩でマッサージするとよいでしょう。

しかし、あまりに疲れ過ぎて入浴がおっくうになる日もあるものです。

そんな時は、タオルやウェットティッシュなどで首筋と足の裏だけは拭くように心がけてください。

悪夢の邪気を祓う

謎の人物に追いかけられる、次々にトラブルに見舞われる、誰かと大ゲンカしてしまった…そんな悪夢を見たことはありませんか？

夢から現実を判断するのは難しいことですが、**「逆夢」「正夢」と言われるように、心身の健康に関わっているのは事実**です。

朝目覚めた時、悪夢の余韻が残っていると何となく憂鬱な気分になってしまいますよね。

そんな時はぜひ、次のことを試してみてください。

○起き抜けに窓を開けて空気の入れ替えをしながら、「吉祥物」（気分が上が

る置物やポスター、絵など）を眺めて気持ちを落ち着かせる
○トイレで体内の不純物をいち早く排出する
○夢見が悪い時は、魂レベルでさまざまなことを話している可能性が高いので、うがいで口をゆすぎ、冷水で顔を洗って清める。少量の塩を使ってうがいや洗顔をすると、さらに効果的

夢日記をつけて日常の出来事と照合すると、自分の夢を詳しく分析できるようになることは、おそらくみなさんご存知でしょう。

コツコツと努力が必要ですが、あなたの夢に出てくる事柄が何を表しているのか、それを突き止めることが開運や邪気を寄せつけないヒントになるかもしれません。

ともあれ、**心の中を垣間見せてくれる夢を恐れず、積極的に楽しんで面白おかしくしてしまうのがいちばん**です。

ちなみによい夢を見た時は、炊いた米粒を3つ飲み込んでおくと、さらによいことがありますよ。

大事な朝は、スッキリ気分でスタートさせたいものです。

69

時には「嘘も方便」

タンカを切ってハッタリをかまして自分のプライドを守る――人生にはどうしても嘘をつかなくてはならない場面があります。

しかし**私の考える「嘘も方便」とは、他人ではなく自分をだますという意味。**

朝からだるい、やる気が起こらないと思っても、

「今日も絶好調！ 素晴らしい日に感謝」

と、言葉で自分をだましてほしいのです。

ポジティブな言葉を繰り返せば、やがて憂鬱な気分は吹っ飛びます。

心で念じるのではなく声に出すこと。

すると言霊の振動がネガティブ波動を吹き飛ばし、幸せなことやステキなことを引き寄せてくれます。

苦しい時ほど、落ち込んでいる時ほど、もうひとりの自分に

「大丈夫。何とかなる。できるだけのことはやってみよう！」

「なんだか楽しくなってきた！」

と言い聞かせてあげてください。

私の尊敬するココ・シャネルもこう言っています。

「チャンスの翼がないなら、チャンスの羽を生やすためにどんなことでもやり遂げなさい」

私たちの「頭」と「心」は別物です。

頭でダメだと決めつけていても、心はいくらでも動かせるもの。そのためには、自分に嘘をつくのがいちばん。「絶好調」「調子がいい」「楽しい」と自分に嘘をつくと、不思議と力が湧いてくるような気がしてくるのです。

よい意味で自分をだます。そのための「嘘も方便」を活用してください。

いつも明るく元気で前向きで、楽しく幸せに生きられるように、自分に嘘をつく。そうすれば、道は開けていくでしょう。

正しい「合掌」を身につける

神仏に祈りを捧げる時、食事を始める時、お詫びやお願いをする時…私たちは無意識に、さまざまな場面で「合掌」しています。

実はこの合掌、**「守護」の力を引き出す素晴らしいポーズ**なのです。

そのルーツはインド仏教。右手は仏の象徴で「清らかなもの、知恵」の意味、左手は衆生(しゅじょう)の象徴で「自分自身、行動力」の意味があり、両手を合わせることで仏様と一体になることを表しています。

これを日本に置き変えると、**右手の仏様はご先祖様、左手はあなた自身。合掌でご先祖様を迎え「いつも守っていてくださいね」とお願いすることになる**

わけです。さらに、手と手をパンパンと2回打ち鳴らすことによって、周囲の邪気を祓うこともできます。

正しい合掌の仕方を体得し、墓前はもちろんあらゆるシーンで活用してみてください。

両手は「合掌造り」の
屋根に倣って指先を
軽く組み合わせる

手のひらはぴったり合
わせず真ん中に空間
を作って気持ちが伝
わりやすいようにする

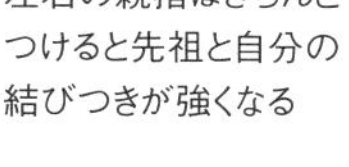

お墓参りには浄化作用がある

この世に生きとし生けるものはすべてプラスのエネルギーに満ちています。

私たちが生きていること、言葉を話すこともすべて、プラスのエネルギーです。

プラスがあればマイナスも存在するわけですが、それは生きていないもの、言葉を発せないもの――つまり死の世界のエネルギーを意味します。

マイナスと聞くとネガティブな感じがするかもしれませんが、決してそうではありません。私たちはプラスのエネルギーの中で生活しているので慣れていないだけ。**触れ合うことによって電池のようにプラスとマイナスが呼応して陰陽が生まれ、エネルギーの活性化と浄化が始まる**のです。

だからといって、心霊スポットなどに行くのは大間違い。

私たちにとって最も身近な死者はご先祖様です。

ご先祖様のいらっしゃるお墓こそが、あなたの家系にとっての強力なパワースポット。定期的にお墓参りをされることをおすすめします。

お墓を注意深く観察してみると、土のある地面に台座があり、その上に垂直に墓石が建っています。そして台座の横線と墓石の縦線が交差してプラスとマイナスを形成しています。

つまり墓石が意味しているのは「プラスとマイナスのエネルギーが交わっている場所」ということであり、これはキリスト教の十字架にも通じるものがあります。

最近ではマンションタイプのお墓で永代供養されている人も多いのですが、その場合でも土地と建物全体が陰陽のエネルギーを受けているので安心してお墓参りをなさってください。

お墓がない人は、故郷や思い出の場所に行って物思いにふけるだけでも素晴らしい浄化作用がありますよ。

お墓参りの正しい作法

お墓参りというと、お彼岸やお盆、お正月に一家揃って行かなければならないイメージがあります。しかしもっと気軽に、例えばピクニックに出かけるような気持ちで足を運べばおっくうになりませんし、身近にご先祖様を感じられて守護力も倍増します。

お墓参りを楽しいピクニックにするためにも、正しい参拝法を覚えておきましょう。

①ご先祖様の食べ物と言われている「五穀」(米、麦、大豆、小豆、胡麻)を少量ずつ半紙にくるみ、おひねりにしたものを5つ用意して出かける

②到着したらお墓をきれいに洗い、磨く
③墓地の四隅と墓石の正面の五か所に、持参した五穀を埋める
④帰る際、墓石の右手前の土を小さじ半分ほど取って持ち帰る

これで完了です。

五穀は、ご先祖様にとって大変なごちそうです。

また土を持ち帰るのは、ご先祖様からのお土産という意味があります。なぜならご先祖様は土を通して私たちを守るパワーを送ってくれるからです。

土がなければ植物は根が張れませんし、人も歩けません。土はあらゆるものを生かすための大切な要素なのです。

お墓の前では、ご先祖様と大いに語らってください。心配をかけまいとして、よいことばかり報告する必要はありません。

ご先祖様はあなたの現実を知っています。すべてお見通しなのです。

ですから**気を楽にして、何でも相談してください。**

何でも話せるからこそ自然と、

「また来るからね」

という気持ちで帰ってこられるのです。

先祖の名前は万能の呪文

世の中には目的に応じたさまざまな「呪文」が存在しています。

しかしそれを単なる子供だましと考えるのは少々危険です。

これまでお話ししてきたように、言葉には「言霊」というエネルギーが宿っていて、普段使う言葉が運気を左右する——。「最幸言葉」を推奨し、「六戒言葉」に注意していただきたいのも、そうした理由があるわけです。

では、数々の呪文の中で最も効果的なものは何か？

それが「名前」です。**名前は両親からいただく最初の財産であり、家系を繋いでいくもの。**あなたの名前にも、ご両親の名前にも、そして先祖の名前にも子孫繁栄の願いが込められているのです。

ですから、**自分と先祖の名前を唱えればあらゆる繁栄が訪れます。**

それがあなただけの、最強にして「万能の呪文」です。

唱えるのは、自分を含めた7人の名前です。

「自分・父・母・父方の祖父・父方の祖母・母方の祖父・母方の祖母」

今を生きる私たちにとって最も身近な先祖は、両親と祖父母です。

「先祖」と言うと何だかとても遠い存在のように思えますが、こんなにも近くに入り口があるのです。

7人の名前を毎日大きな声で唱えると、先祖の愛と力があなたをより強く守護するだけでなく、困ったことを解決してくれたり、願ったことを叶えたりしてくれます。朝な夕なに、お部屋で実践してみましょう。

中にはさまざまな事情で、両親や祖父母の名前がわからないという人もいるかと思います。その場合は自分と両親の名前、あるいは自分の名前を唱えた後に、兄弟、親戚、お世話になった人や、尊敬する人物などの名前を選んでください。十二分に効果を発揮してくれます。

持ち物浄化法① 愛用品編

人間と同じように、物にも命とエネルギーが宿っています。

心身を浄化するように、物もきちんと浄化してあげましょう。

特に財布、メガネ、スマートフォンは外界からのエネルギーを受けやすく、常に携帯したり身につけることで心身にも影響を及ぼすものです。

例えば財布の中に入っているお札や硬貨は、誰かの手を渡ってやってきます。メガネは相手をはっきり見せてくれるもの。そしてスマートフォンは、よい情報も悪い情報も受発信するものなので、最も影響を受けやすいのです。

ちなみに、**キラキラと輝くものはすべて浄化ツールとして使えます**。指輪、ピアスなどのアクセサリーや、時計などをキラキラアイテムにしておけば、ネガティブな相手と対面した時にも負のエネルギーを跳ね返すことができます。スマホケースにラインストーンを施す、財布にスワロフスキーなどのキーホルダーをつけておくのも一案です。

いずれにしても、大事な物は定期的に浄化したほうが安心です。**少しカーブのついたお皿に岩塩を敷き詰め、その上に大事な物を置いて太陽の光に2~3時間当てる**だけ。熱を持たせることに抵抗がある場合は、月光に当てても構いません。どちらも難しいという人は、窓辺の近くに一日置いておくだけでも十分です。

使用済みの塩の半分はキッチンに流し、半分はトイレに流します。キッチンは女性のエネルギーである「陰」、トイレは男性のエネルギーである「陽」が入ってくる場所なので、陰陽のバランスを取るためにも両方に流すことが必要です。

月に1回程度行えば、愛用品も喜んでくれるでしょう。

何となく波動が悪い、暗い知らせが続く、イヤなことが多いと思った時にも実践してみてください。

持ち物浄化法② リサイクル編

欲しい物を安価に購入できるリサイクルショップや古着屋はとても重宝しますが、誰がどんなところで使っていたのかわからないという不安があるものです。「呪いの鏡」「呪われた絵」という実話もあるくらいですから、**以前の持ち主のエネルギーを抜いて浄化してから使いましょう**。特にリサイクルの家具、中古の楽器、天然石のアクセサリー、絵画や美術・骨董品には必須です。

【中古品の清め方】

①1本のお線香に火を点ける

②お線香を左から右へゆっくり動かした後、下から上へ徐々に動かして煙を

まんべんなく品物の上を通過させる

③以前のエネルギーが溜まっている場所では煙が輪を作るので注意深く観察し、その輪が消えるまで何度でも左から右へ平行にお線香を動かす

④どこにも輪が出なくなったら終了

また最近は、ネットオークションやフリーマーケットなどで私物を売る機会も増えています。その際もこの方法で自分のエネルギーを抜いてから、売りに出しましょう。物には持ち主のエネルギーが入りますから、相性が悪いと売った人も買った人も苦しむことになります。

中古品の浄化が最も威力を発揮するのは、絵画や骨董品です。

後世に残るような美術品、工芸品の作家は、大変なプライドを持って制作しています。いわば「念」がこもっているのです。

そこに以前の所有者の思い入れや、作品にまつわる因縁などもプラスされて肉眼でもわかるほどの重たい雰囲気が漂っていることが多いものです。

しかし、**それらの強力なエネルギーが抜けると雰囲気が一気に明るくなり、美術価値も高まって高額で取り引きされるようになります**。作品自体が個人の思い入れを超えて、客観的な評価に耐えうるようになるからです。

悪気を寄せつけない方法

悪気(あっき)や邪気は、自分の思いとは関係なく忍び寄ってくるもの。必要に応じて、自分がやりやすい邪気祓いの方法を知っておくと日々の中で役立ちます。

まずは大事な**玄関**。**家の中に邪気を一切入れない方法として有効なのは、小さな鏡を置くこと**。鏡面をドア側に向けておけば、邪気を跳ね返してくれます。

部屋全体の浄化にはホワイトセージ、ローズマリー、ティーツリー、ユーカリ、フランキンセンス、白檀(びゃくだん)などの**ハーブを活用**します。掃除の際に葉っぱを散らしてもよいし、お香やアロマを毎日焚(た)けば常に清浄な空間が保たれます。

特にフランキンセンスは儀式でも使うほど強力なので、悪いものがいると感じたら使ってみるとよいでしょう。また、爽やかなオレンジの香りにも浄化効果があり、安眠を誘うラベンダーには場のエネルギーを安定させる力があります。

ただし、同じハーブでも生気が抜けてしまっているドライフラワーはあまりよろしくありません。玄関や部屋に飾ると逆効果になる恐れもあるので気をつけてください。

外出先で遭遇した悪気や邪気を祓う場合は**「音」**がいちばん効果的で、即効性があります。

まずは**人差し指と中指の2本指を揃えて「シュッ!」と言いながら空中に五芒星を描きます**。その五芒星を悪気や邪気を感じる方向へ放ったとイメージし、**柏手を1回「パンッ!」**と叩けばスッキリです。私はよく、出張先のホテルの部屋が怪しい雰囲気を放っている時に活用しています。

しかし、悪気や邪気の原因が人間だった場合は、目の前でシュッシュッと五芒星を描くわけにもいきません。そんな時のために持ち歩いていただきたいのが**「鈴」**。古くから魔除けに使われてきた鈴の音は、1回「リン」と鳴らしただけで周囲の雰囲気が一変します。神社で御守りとして売られている「神鈴」は特におすすめです。

風邪も「邪気」の一種

「風邪」とは、東洋医学の「ふうじゃ」が語源になっている言葉です。

体調を悪くする環境や外敵の中でも、自然界に吹く「風」が体に与える悪影響――それが「風邪」の正体です。

確かに、風に当たり続ければ体表の熱が奪われ、皮膚や粘膜も乾燥してしまいます。体温が下がれば免疫力も低下し、細菌やウイルスが侵入しやすくなるわけです。春風が吹く頃、秋から冬に季節が変わる頃、寒風吹きすさぶ頃に風邪を引く人が増えるのも納得できます。

「風」の悪影響=邪気の予防についてはそれぞれだと思いますが、肝心なのは前述したように体を冷やさないことにつきます。季節の風に体温を奪われ、ウイルスの侵入を許さないような対策が必要です。

それでも風邪を引いてしまった場合は、

「疲れているのだから休みなさい」というサインでもあると受け取り、ゆっくり休んで養生し、自然治癒を心がけるのが得策です。

今はコンビニでも風邪薬を購入できる時代で大変便利ではありますが、薬に頼り過ぎるのはよろしくありません。そもそも風邪薬にはウイルスをやっつける成分など含まれておらず、熱や喉の炎症を抑える成分しか入っていません。

人間の体には、本来**「ホメオスタシス」という自己恒常性機能**が備わっているので、ウイルスを勝手に撃退し、病気も勝手に治してくれるのです。

風邪を引いて熱が出るのは、体温を上げて免疫力を高め、体の中の悪い菌を攻撃するためです。さらに言えば、この時にガン細胞なども一緒にやっつけてくれるのです。

外せない仕事がある場合、またインフルエンザの時は仕方ありませんが、**ちょっとした風邪なら体を温めて汗をかいて、邪気を追い出しましょう。**

オリジナル御守りを作る

時々、お土産でいただいた御守りや縁起物を処分できずに溜めこんでいる人がいらっしゃいます。御守り自体はすべて有効なものだと思いますが、その人の信頼度があやふやで心が伴っていないのであれば意味がありません。

「これを持っていれば大丈夫」という信頼があってこそ、御守りは効力を十二分に発揮してくれるのです。

そこで私は、自分で御守りを手作りすることをおすすめしています。

自分と向き合い、「私の中に愛と光をもたらす神様がいらっしゃる」という思いを込めて作ってみてください。今は自分に否定的な人も、御守りの効果で自身を信頼できるようになるでしょう。

その信頼が、御守りの力をさらに引き出してくれるのです。

結界の代わりとなって邪気を撃退するのはもちろん、どこへ行ってもあなたの幸せと安全を守護してくれます。


【オリジナル御守りの作り方】

①小皿に天然塩をまんべんなく乗せる
②塩の上に、東西南北に向けた4本の線香を乗せて聖域を作っておく
③半紙に自分の名前をフルネームで書き、下・上の順で三つ折りにする
④ろうそくで線香の火をつける
⑤線香の火を半紙につけて小皿の上に置く。燃えている半紙には絶対に触らないこと
⑥すべて燃え尽きて火が消えたら、小皿の塩と灰と線香をよく混ぜる
⑦塩と灰のみを少量取り出して半紙にくるみ、小袋などに入れて御守りとして携帯する

残りの塩・灰・お線香はお墓参りの際に持参し、左側の土に埋めるとよいでしょう。処分する場合、作り直す場合はキッチンから水で流します。

悩みを消すふたつの方法

人間の悩み、苦しみ、煩悩（ぼんのう）というものは

「自分の思いを実現させたい」

という執着から始まっているように思います。

その思いが遠くにあるほど、高い目標を持っている自分を誇らしく思い、周囲も立派だと称賛します。

すると余計に「何がなんでも実現させたい」という思いが強くなり、さらに悩み苦しみ、いつまでもゴールに到達できない自分を責め、自己嫌悪に陥ることで運気を下げてしまうこともしばしばです。

私たちはこれまでの学校教育で、

「思いを持って実現させなさい」

「目標に向かって努力しなさい」

という価値観を教えられてきました。

しかし、それが悩みや苦しみを生み続けるのであれば、

「思いを持たない」


という選択肢もあるのではないでしょうか。

「思い」は、やはり「重い」のです。

まったく持たないのは抵抗があるというのなら、まずはあなたのその思いを少し軽く、緩やかにしてみてはいかがでしょうか。そして**風に吹かれるまま、流れる水の如く生きていれば、予想外の人生が広がってくるはず**です。

そして忘れてはいけないのが、私たちがこの世に生を受けた意味です。

思いを持って目標を達成することも素晴らしいこと。しかし「喜ばれる存在になる」「人に親切にする」「この世を楽しむ」ことはもっと大事なことです。

このふたつが、あなたの悩みや苦しみを消してくれるのです。**思いを軽くすること。人生を楽しみ人に優しく喜ばれることをすること。**

先払い現象で幸せをつかむ

人間は未熟なるがゆえに、物事の「前半分」だけを見て「よい悪い」「幸不幸」を判断し、答えを出してしまいがちです。

しかし、しばらくして「後ろ半分」を見て因果関係がわかると、

「今の状況に至るために、あの出来事があったのだ」

「あの体験のおかげでこの人と出会えたのだ」

ということに気がつきます。

ですからたとえ不幸に見舞われても、見方を広げればそれがまったくの不幸ではない可能性もあるわけです。

例えば、生涯に一度あるかないかというぐらいの大事故に遭ってしまったとします。しかしその後には必ず、事故という代償を支払ったことへの「神計らい」がやってくる――そんなふうに考えてみてはどうでしょう。

つまり、**「不幸の先払い」をしたら、次にやってくるのは神様からの「幸せのギフト」**だ、と思うのです。

しかもそれは、とびきり楽しくて、とびきり面白くて、心の底から喜びを感じられるギフトです。

この「先払い」という構造を把握していれば、

「人生には辛く悲しいことなどない」

と、何があってもニコニコしていられます。

そして、さまざまな出来事が起こる度に

「今度はどんなギフトがもらえるかな」

と、ワクワクできるはずです。

ただしその間、先払いされた不幸について不平不満愚痴、泣きごと、悪口、言いわけばかり口にしていてはいけません。

せっかくのギフトが、他の人に配達されてしまいますよ。

column 6

部屋でもできる
お墓参り

お墓は遠いし、仏壇もないという人でも、部屋でお墓参りをすることができます。先祖のご加護をいただくためにも、毎日の習慣にしてほしいものです。

部屋でのお墓参りに必要なのは、白い紙・自然塩・水。

手順は次のとおりです。

①まずは白い紙を二つ折りにして「ご先祖の座布団」を作る
②折った紙の山側を、ご先祖のいる方向（お墓）に合わせる
③その紙の上に、自然塩と小さな器に入れた水を置く
④ご先祖を愛と光の気持ちで思い、手を合わせる

以上です。塩とお水はできるだけ毎日取り替えましょう。

ご先祖の座布団に供えた塩と水は、健康増進に利用できます。

朝のコーヒーや紅茶にご先祖の水を少々加える、味噌汁やスープには水と塩を一緒に使うなど、工夫してみるとよいでしょう。

また、朝起き抜けにご先祖の水を口に含むか、コップ１杯の水に塩を入れて飲んでみてください。ご先祖の「守る力」と、あなたの「感謝の気持ち」がこもった水で、一日の爽快なスタートを切ることができます。習慣にすれば、便秘解消にも役立つでしょう。

あとがき

幸せになることは、権利ではなく義務になる

「誰でも幸せになれます。なぜならそれは権利ではなく、義務だからです」

これは13歳の時、私のもとに突如降ってきた「光の玉」から教えていただいたことのひとつです。

平成から元号が変わり、令和の時代になりました。

令和は心の時代であり、引き寄せたいものを自在に引き寄せられる時代。

だからこそ、幸せは権利ではなく、義務に変わるのだと感じています。

国民の三大義務に「幸福」という項目を入れてほしいくらいです。

ワクワクやドキドキが増えていきます。

その気持ちを与えてくれた人に感謝してください。

物の見方が変わり、価値観が覆されます。

その変化を楽しんでください。

幸せという義務をまっとうするために必要なのは、愛と光と強さです。

ですから強くならずに、超強くなってください。

そうすれば自分に素直に、正直に生きていくことができます。

愛と光は、常にあなたの中にあるもの。

そしてそれこそが、あなただけのパワースポットなのです。

外に求めず、内に求める。**すべてはあなた次第です。**

最後に、刊行にあたってご尽力を賜ったみなさまと、この本を手に取ってくださったみなさまに心より感謝申し上げます。

令和元年六月吉日

竜庵

Profile

竜庵（りゅうあん）

スピリチュアルカウンセラー。

本名・樋口賢介（美容研究家。ホリスティック・ビューティクリエイター）。

株式会社 HIGUCHI リーディング代表。トータルビューティサロン「HIGUCHI」代表。

日本における「ヘッドスパ」の先駆者としても有名。全国に5000人の弟子を持ち、日々講演活動にも勤しんでいる。10代の頃、突然「光の玉」が降ってきて長時間の説法を受けたことから、スピリチュアルな能力を授かる。以来、10万人以上の鑑定を行い、幸せに導いている。

ホームページ
https://higuchi-official.com/（HIGUCHI Official）
https://higuchi-totalbeauty.com/（HIGUCHI HILLS店）

Instagram
@higuchi_beauty

Facebook
https://www.facebook.com/higuchii.co/

清く、正しく、欲を持て。

幸せな人生を呼び込む*80*のルール

2019年6月21日　第1刷発行

［著　者］　竜庵

［企画構成］　和場まさみ

［写真］　中村宗徳

［イラスト］　宮咲ひろ美

［装幀］　坂根 舞（井上則人デザイン事務所）

［本文DTP］　小林寛子

［編集］　齋藤和佳

［発行人］　堅田浩二

［発行所］　株式会社イースト・プレス

〒101-0051　東京都千代田区神田神保町2-4-7 久月神田ビル
TEL：03-5213-4700　FAX：03-5213-4701
http://www.eastpress.co.jp/

［印刷所］　中央精版印刷株式会社

ISBN978-4-7816-1804-3 C0095

KIYOKU TADASHIKU YOKUWOMOTE

Presents by Ryuan